MŒURS

Alain Deneault

MŒURS

DE LA GAUCHE CANNIBALE
À LA DROITE VANDALE

www.luxediteur.com

Dépôt légal : 2e trimestre 2022
Bibliothèque et Archives Canada
Bibliothèque et Archives nationales du Québec

ISBN : 978-2-89833-027-8
ISBN (epub) : 978-2-89833-028-5
ISBN (pdf) : 978-2-8983-029-2

Ouvrage publié avec le concours du Conseil des arts du Canada, du Programme de crédit d'impôt du gouvernement du Québec et de la SODEC. Nous reconnaissons l'aide financière du gouvernement du Canada pour nos activités d'édition.

L'infini plaisir de croire en celui qui a vu, dont la certitude est sans faille, qui ne laisse pas le moindre espace, le plus petit interstice, le moindre défaut où puisse s'introduire quelque doute. Plus de vacillement, nulle flamme qui hésite, nul son qui vienne troubler l'harmonie. La perfection. Comment ne pas se laisser emporter ?

François ROUSTANG, « Adieu la vérité »

Bris

CE N'EST PAS RENVOYER dos à dos progressistes et conservateurs que de repérer chez eux une même crise qui les traverse. Nulle symétrie inversée ici, mais une pensée engagée dans des domaines complexes visant à faire valoir non pas tant une évolution des mœurs qu'une dilution de celles-ci. Les conditions de possibilité des mœurs, d'un monde commun, d'habitudes partagées, de discussions structurées se trouvent aujourd'hui entamées. Voilà ce dont témoigne la multiplication des querelles idéologiques, identitaires et morales qui, trop souvent, instrumentalisent les idées au lieu de les étudier.

Les débats moraux qui nous secouent aujourd'hui participent d'une intelligence collective. Ils retravaillent les mœurs en prenant part à l'évolution générale de la société. S'enquérir des mœurs, c'est se situer dans une collectivité en tant qu'elle participe de pratiques communes. C'est suivre la façon dont elle nous constitue tout en cherchant à contribuer réciproquement à son évolution.

S'y intéresser, c'est aussi distinguer les mœurs de cette question plus générale qu'est la politique. Les mœurs portent sur les rapports sociaux immédiats, comme la tenue, le mode d'être, le langage courant... La modernité s'est construite sur une élaboration de ces codes souvent distinctifs, à défaut d'être toujours édifiants[1]. La politique concerne, elle, des enjeux d'ensemble médiatisés par des concepts et des symboles prenant en compte l'économie complexe des relations communes. La première régit donc les rapports crus que nous entretenons les uns avec les autres dans des espaces communs, la seconde les institutions, la loi et l'agencement général des rapports sociaux.

Ainsi, traiter des mœurs ne peut pas se subordonner à l'assertion voulant que *tout soit politique.* Assimiler mœurs et politique, c'est à coup sûr subsumer celle-ci sous celles-là, assez paresseusement, car alors l'opération complexe de l'élaboration politique, ainsi confondue, ne consistera plus qu'en une pensée des rapports immédiats, risquant l'anecdote, mesurant toute chose à d'immédiats rapports de force et instrumentalisant la pensée à l'intérieur de ces seules conjonctures. Si *tout est politique,* il n'y a plus de politique, mais d'immédiates vindictes, aujourd'hui vécues sur un mode numérisé et accéléré.

---

1 Norbert Elias, *La civilisation des mœurs,* Paris, Calmann-Lévy, coll. « Liberté de l'esprit », 1994 [1939].

Lorsque nos débats deviennent des combats, ils versent dans le moralisme, l'agitation et l'intoxication, et ces excès de gauche à droite contribuent au développement d'un environnement délétère. Au prétexte de les faire évoluer, on use des mœurs comme un strict vecteur d'opposition. Ainsi perverties, les bonnes mœurs ne représentent plus une modalité usuelle et coutumière d'apaisement des communautés, mais une légitimation que les puristes et imposteurs s'arrogent pour porter leurs coups.

Chose vue

Réunis en séminaire à Montréal au printemps 2017, des humanistes de la tradition anglolibérale devaient rendre visite à une communauté mohawk. On les a vus s'attaquer au chauffeur d'autobus devant les y amener. Sa casquette arborait le visage caricatural d'un Peau-Rouge, soit le logo d'une équipe de sport comme il y en a tant. Ce phénomène est bien sûr un objet de lutte nécessaire, d'où que ces emblèmes tendent justement à disparaître. Mais les bons apôtres haranguaient le gars à la manière de paranoïaques, comme si ce prolétaire chauffeur de bus de son métier avait *voulu* les défier ce matin-là en se coiffant. En quelques secondes, ce n'était plus seulement le racisme ordinaire transparaissant à travers l'habillement du monsieur qui choquait, mais la hargne de ces agents de la bonne conscience. Ils se déchaînaient sur lui ; toutes les vilenies étaient de mise dès lors que la porte s'entrouvrait. Les accusations de racisme se prêtaient même aux inversions : c'est *parce qu'il est Québécois* que notre homme aurait ainsi affiché sa soif de ségrégation ! Les doctes juges qui se faisaient conduire par ses soins dans une réserve autochtone partaient boire les paroles d'un hôte décrivant la bien réelle oppression que subit sa communauté, sans la moindre considération intellectuelle toutefois pour quelque sujet qui fâche. Le manichéisme avait l'heur de rassurer ces universitaires ne pensant autrement que par le prisme du jugement moral.

Un racisme systémique ou systématique ?

Le racisme est le nom d'une option. On ne gagne rien à le réduire au fait d'une caractérologie personnelle. Non, fondamentalement, ce n'est jamais tant qu'untel soit raciste ou non qui pose problème, mais que dans une société il lui soit donné de l'être, qu'il en ait l'option. Le problème, c'est que tout membre d'un groupe spécifique a le loisir d'opter pour le racisme face à tout membre d'un autre groupe spécifique, visé. Cela seul suffit à désigner un phénomène raciste au plan social. Il ne saurait y avoir racisme autrement que dans un tel système de référence. Les sujets du racisme sont ceux qui, qu'ils le veuillent ou non, peuvent à tout moment manifester des invectives discriminantes en rapport avec l'appartenance sociohistorique de l'*autre* ; les victimes sont celles qui peuvent subir ce traitement dès lors qu'autrui se l'autorise. Le racisme reste toujours l'affaire d'un air ambiant dont il est très difficile de se déprendre.

Très souvent, on se perd dans de pauvres typologies ontologiques. On dira : « untel est raciste » ou « untel n'est pas raciste ». Il *est* raciste / il n'*est* pas raciste – cela signifie en clair : il choisit ou non l'option du racisme à sa portée. Se dire « pas raciste » est déjà une façon de reconnaître le fait social en cause : il y a racisme dans ma société et je m'abstiens d'exploiter cette veine – je ne serais donc pas raciste, moi, parmi les autres. Je ne céderai pas… mais je n'y changerai rien.

Si on est minimalement rigoureux, le racisme ne peut donc pas se comprendre autrement que sur un mode systémique. On se défend d'être raciste forcément lorsque le phénomène sévit, comme on se défendra beaucoup moins de discrimination envers les chauves qu'envers les Noirs, parce que le fait social de la discrimination envers les premiers est bien moins prégnant socialement. Aurait-on l'idée tout à coup de se moquer d'eux ou des gens qui ont des cheveux frisés ? Un trait distinctif aussi banal ne porte pas dans notre société et, assurément, la remarque tomberait à plat. Elle ne serait soutenue par aucun gaz social. L'invective raciste n'est jamais une affaire individuelle, de celui qui, pour lui-même, l'*est* ou ne l'*est* pas. Sa codification transcende la simple liberté individuelle.

Cette option, on en dispose à un degré ou à un autre, à un titre ou à un autre, selon la société dans laquelle on évolue, le quartier de la ville où on réside, l'organisation dans laquelle on travaille, le café qu'on fréquente... Mais les manifestations racistes sont suffisamment nombreuses pour qu'il soit obscène de tenter de les nier[1]. S'y joueront aussi des effets de rareté, de degrés, de subtilités. Comme objet du phénomène, ce pourra être suffisamment insidieux pour qu'on doute toujours de l'intention du sujet comme du bien-fondé de ses propres soupçons. Est-ce moi ? Est-ce objectivement ce que je subis ? Être quotidiennement tiraillé par cette question fait partie intégrante du racisme qu'on essuie – être en instance de se questionner toujours sur son degré réel ou halluciné d'application.

Indépendamment qu'on soit ou pas raciste, la question du racisme réside donc d'abord dans la question sociale de l'option. Et cette option-là, on ne l'entend jamais aussi bien que dans la phrase devenue ouvertement caricaturale : « Je ne suis pas raciste, mais... » Ou, à peine plus subtilement, « mon voisin est noir et je suis allé lui parler ». Ces phrases teintées de malaise ne sont pas toujours la manifestation de sentiments malveillants. Elles révèlent cependant à coup sûr combien le problème du racisme n'est pas seulement d'ordre casuistique. Il ne regarde pas d'abord la morale personnelle, car c'est une affaire de société. De ce point de vue, puisque l'enjeu du racisme porte sur autre chose qu'être

---

1 Nathalie Achard, *Mon privilège, ton oppression. Et si prendre ma responsabilité pouvait changer le monde* ?, Vanves, Marabout, coll. « Époque épique », 2021.

ou n'être pas raciste, la question est de savoir si on se trouve potentiellement en situation de l'être. Peut-on décider de se manifester de manière raciste ? En a-t-on, là où on se trouve, les conditions de possibilité ? Si oui, tel est le problème. Il est social.

Quant à elle, la victime latente du racisme reste *a priori* passive dans l'équation : elle saura dans telle ou telle circonstance si elle aura ou non à subir et à riposter à la menace qui plane toujours au-dessus d'elle.

On peut démystifier ces états de fait. L'écrivain suédois Sven Lindqvist a pointé un aspect historique ayant permis au discours raciste de se développer à la manière d'un argument d'autorité à l'échelle de toute une culture[2]. Pour que l'homme d'État Jules Ferry ait pu se fendre de discours hiérarchiques au XIXe siècle, au sujet de civilisations et de races supérieures ayant des droits et des devoirs sur les autres, il a fallu aux Européens développer leur armement de manière fulgurante. Pour certaines de leurs armées, soutenues par cet avantage strictement technique, les incursions coloniales en Afrique se sont produites dans la désinvolture de championnats sportifs. Rien ne résistait à leurs nouvelles machines de guerre de grande portée. Des suites de cette implacable manifestation de violence, tout un appareil de propagande a couvert le pur

2 Sven Lindqvist, *Exterminez toutes ces brutes. Un voyage à la source des génocides*, Paris, Les Arènes, 2014 [1992].

rapport de force d'une justification idéologique. Le racisme n'est pas né là, mais il a trouvé dans la foisonnante production de discours racistes au tournant du XXe siècle une apparente confirmation, pour qui voulait faire de cette idéologie une trame de fond culturelle. Le contexte devenait propice pour catégoriser l'« autre », le subordonner légalement et politiquement, l'avilir psychologiquement et l'enfermer dans une représentation essentialiste de lui-même. Et les pouvoirs institués, publics comme privés, n'y ont pas manqué : propagande d'État, enseignement tendancieux, littérature dégradante, journalisme démagogique, marketing avilissant[3]... Le climat a ainsi rapidement changé et le racisme s'est pour longtemps banalisé.

Au-delà de ce premier cercle de personnes descendant de gens tués, violentés et lésés, combien souffrent du racisme? Par lui, toute une ambiance pourrit la vie d'une communauté concernée. Combien de Blancs qui n'ont eux-mêmes, personnellement, jamais eu à éprouver les affres du racisme en sont néanmoins venus à affirmer un jour : « J'ai quitté la France, car j'en avais assez du racisme », ou « j'ai quitté telle région albertaine parce que j'en avais assez du conservatisme rance »? Il ne s'agissait jamais pour ces gens d'affirmer

---

3 Pascal Blanchard et Nicolas Bancel (dir.), *Culture post-coloniale 1961-2006. Traces et mémoires coloniales en France*, Paris, Autrement, coll. « Mémoires », 2011 [2006].

stupidement que tous les Français ou Albertains *étaient* racistes, mais d'évoquer un climat, un air généralement nauséabond, car particulièrement propice aux relents racistes. On ne sait jamais d'où les manifestations vont surgir ni selon quelles pratiques elles seront banalisées. Cette possibilité latente afflige un grand nombre de personnes, à un titre ou à un autre, à un degré fort ou faible.

Pour Rachida Azdouz, la définition courante du « racisme systémique » comme simple effet de système a pour carence d'évacuer les responsabilités individuelles, tout devenant l'affaire d'un fonctionnement intégré et unilatéral[4] ; sa représentation en tant qu'option relevant aussi d'un choix individuel permet d'éviter cet écueil.

Prendre conscience ainsi du phénomène d'abord et avant tout comme d'un fait social, c'est se montrer sensible à des climats, à des ambiances, à des possibles et à leurs manifestations concrètes dans des situations multiples, dont la maîtrise échappe à ceux-là mêmes qui sont concernés. Ce sont des phénomènes où « nous sommes tous susceptibles d'être tour à tour victimes ou porteurs de biais inconscients[5] ». Plusieurs d'entre nous ont un douloureux examen de conscience à faire.

---

4 Rachida Azdouz, *Panser le passé, penser l'avenir. Racisme et antiracismes*, Montréal, Édito, 2021, p. 55.
5 *Ibid.*, p. 28.

Je suis dans un autobus et j'ai l'option d'être raciste. Je suis dans un immeuble à logements et j'ai l'option d'être raciste. Je suis dans un bureau, dans une vie collégiale, au café, et j'ai l'option d'être raciste. Cela vaut pour l'islamophobie ou l'antisémitisme. Cela vaut aussi pour le sexisme, l'homophobie...

S'engager dans ce type de réflexion permettrait de discerner les causes historiques de cet état des mœurs, en établissant par exemple une distinction rigoureuse entre racisme et xénophobie, l'un et l'autre diagnostics entraînant des approches spécifiques. Un peuple tel que celui de France, qui a conquis et spolié des nations entières, les a tenues sous sa botte, a développé sur elles des connaissances scientifiques pour mieux les enchaîner par l'esprit et la psyché, pour enfin les tolérer chez lui lorsqu'il manquait de bras pour effectuer les viles besognes... aura une tendance au racisme. C'est ici de la hiérarchie des «races» qu'il est question et les bons Blancs se situent volontiers au sommet de la pyramide. Un peuple comme celui du Québec, qui se perçoit comme ayant partiellement échappé à un régime de domination et qui peine à se donner les structures inconditionnelles de son appartenance au monde, d'autant plus qu'il a liquidé ses organisations traditionnelles, se montre plutôt complexé devant des sujets débarquant sur son sol forts de traditions séculaires le réduisant, lui, en apparence, à peu de chose. La poutine, l'Halloween et La Bolduc ne pèsent soudainement pas lourd devant les tajines, le ramadan et le Coran, et c'est à coups de ronchonnements et de simagrées qu'on tente de surmonter son complexe. L'autre devient alors indésirable parce qu'on le situe cette fois plus haut que soi dans une hiérarchie imaginaire.

Mais il en a fallu des discours, des pétitions, des déclarations suivies de nouvelles injures, des manifestations réprimées dans le sang et des actes de désobéissance civile pour donner à voir le fait abusif et fascisant de discours souvent brutaux, mais également insidieux. Ce dernier caractère est le plus complexe. Dans le brouillard du racisme ordinaire, des micro-agressions à la volée, du favoritisme à la petite semaine, de l'humour malveillant, comment ériger les justes critères de dénonciations, si on ne veut pas compter parmi les moralistes et jeteurs de premières pierres ? Le dominant est tellement à son aise dans le régime qu'il ne se voit même plus régner. Maintenant, assimiler des comportements au domaine de l'inconscient revient à déposséder les sujets de leur autonomie d'esprit. Cela aussi ouvre la porte à bien des abus : jusqu'où peuvent aller les détracteurs dans cette psychanalyse tous azimuts avant qu'elle ne devienne sauvage ? Selon quelle approche rigoureuse peut-on prétendre à une lecture transparente de l'inconscient d'autrui ? Jusqu'où investir cette dimension pour fonder des explications ? Quel dialogue rend-on encore possible lorsqu'on postule l'absolue ignorance de l'autre sur sa propre conduite ?

Comment, procédant ainsi, ne pas susciter des ressacs, des contre-attaques, une violence redoublée ? Celles et ceux qui cherchent à rester droit dans cette adversité ambiante doivent faire preuve d'une éthique chirurgicale hors du commun, bien plus exigeante que le positionnement de ceux qui se contentent de n'être *pas racistes* de leur personne.

C'est que le postulat d'un système raciste comprend une équivoque se manifestant dans la confusion possible entre les épithètes « systémique » et « systématique », lesquelles ne signifient pas du tout la même chose. Si le racisme dépend d'un système culturel de significations, il n'entraîne pas pour autant un procédé systématique, au sens axiologique où chaque occurrence comprendrait fatalement les mêmes enjeux et répondrait des mêmes critères, de telle manière qu'on pourrait alors en traiter systématiquement de la même façon. Voir ainsi les choses conduirait à faire l'économie des circonstances au profit d'un discours dénonciateur s'érigeant en doctrine absolue, imitant alors le discours qu'il pourfend. Il se ferait ainsi à son tour idéologique, l'antiracisme devenant de manière identique un critère analytique absolu : tout Blanc serait ainsi par déduction raciste dans ses actes et dans le moindre repli de toutes ses pensées.

Ces planches à savon font l'affaire des animateurs de l'extrême droite. Dans les *meetings* ou sur les plateaux, les voici glapir de deux manières : ils partiront des allégations de racisme faites en fonction du postulat systématique, ou exagéreront le trait pour supposer que telle est la position de leurs contradicteurs, pour ensuite exploiter la faiblesse théorique de ces discours – car bien souvent le caractère ouvertement raciste de certaines situations est cryptique ou évanescent –, puis ils contesteront en bloc la notion de « racisme systémique », pour en faire un leurre discursif. Ils défendront enfin, tout logiquement, le bon vieux statu quo paternaliste et colonialiste, soit l'air que nous respirons.

La gauche cannibale

LA THÉORIE de l'intersectionnalité fait polémique. À droite, elle représente un attentat contre la liberté, un appareil dictatorial à grande échelle, une hégémonie raciste anti-Blanc, une menace même pour des axiomes tels que 2 + 2 = 4... On l'agite jusqu'en Sorbonne[1] comme un foulard pour exciter les foules, non sans céder soi-même à une forme de crispation panique. À gauche, Kimberlé Crenshaw, qui l'a promue la première il y a une trentaine d'années aux États-Unis, regrette maintenant qu'on en fasse une « politique identitaire sous stéroïdes » visant à « transformer les hommes blancs en nouveaux parias[2] ».

Or, pour qui sait raison garder, la grille descriptive qu'elle constitue en lien avec des injustices systémiques permet simplement de signaler ce qui structure

---

1 Lucie Delaporte et Mathilde Goanec, « Un vrai-faux colloque à la Sorbonne pour mener le procès du "wokisme" », *Mediapart*, 8 janvier 2022.

2 Entretien de Kimberlé Crenshaw accordé à Katy Steinmetz, « She Coined the Term "Intersectionality" Over 30 Years Ago. Here's What It Means to Her Today », *Time*, 20 février 2020.

l'agir et l'expression sociale des sujets – le sexe, l'ethnie, l'orientation sexuelle, la langue, l'accent, le statut social, l'âge... À l'évidence, une femme noire, lesbienne, arborant des signes religieux et parlant avec un accent aura plus de mal à s'imposer socialement que les représentants de catégories dominantes. Les champs d'application sont nombreux : le quotidien professionnel, le rapport aux organisations instituées, l'entregent, la recherche de logement... Cette approche invite à considérer comme une variable irréductible le lieu historique et social de la subjectivité. Être blanc ou noir, homme ou femme, jeune ou vieux, riche ou pauvre, diplômé ou décrocheur, anglophone ou berbère... cela compte. Il s'agit conséquemment de travailler au rééquilibrage entre les sujets au sein de la citoyenneté.

En principe, la mobilisation de ce dispositif critique ne va pas sans une prise en compte sérieuse des conjonctures et circonstances auxquelles il s'applique. Dans ses articles inauguraux sur cette approche, Crenshaw campe sa problématique dans le champ du travail social[3] ou de l'application spécifique du droit[4].

---

3 Kimberlé Crenshaw, « Mapping the Margins: Intersectionality, Identity Politics, and Violence against Women of Color », *Stanford Law Review*, juillet 1991, vol. 43, nº 6, p. 1241-1299.

4 Kimberlé Crenshaw, « Démarginaliser l'intersection race/sexe : critique féministe de la doctrine antidiscriminatoire. De la théorie féministe et des politiques antiracistes », dans Myriam Boussahba, Emmanuelle Delanoë et Sandeep Bakshi (dir.), *Qu'est-ce que*

L'approche intersectionnelle s'est imposée méthodiquement comme la raison pratique des professionnels de l'intervention sociale. Comment donc penser l'engagement dans les replis de la vie sociale sans ces variables, au départ développées par la militante et intellectuelle noire Anna Julia Cooper au tournant du XXe siècle[5] ? D'autant que, du reste, les grandes théories sociales offraient peu de prises heuristiques sur le terrain. Inversement, comprendre cela revient à attester du peu d'intérêt qu'il y avait déjà à traiter d'intersectionnalité sans rapport intrinsèque au cadre spécifique des interventions. Dégager cette théorie d'un impératif de l'intervention, c'eût été encore, aux yeux des professionnels, en hisser la pensée au stade de généralités. C'est précisément ce que critiquent aujourd'hui ceux qui, en travail social, s'inquiètent du devenir idéologique de l'organon intersectionnel ainsi que de son application zélée[6].

La mouvance intersectionnelle a débordé ce champ et pris le dessus, politiquement, sur les mouvances progressistes traditionnelles – groupes révolutionnaires

---

l'intersectionnalité ? Dominations plurielles : sexe, classe et race, Paris, Payot & Rivages, coll. « Petite Bibliothèque Payot », 2021, p. 281-329.

5 Anna J. Cooper, *A Voice from the South. By a Black Woman from the South*, Chapel Hill, University of North Carolina Press, 2017 [1892].

6 Daniel Verba, « Travail social et intersectionnalité, une liaison dangereuse ? », *Actualités sociales hebdomadaires*, n° 3214, 18 juin 2021, p. 34-35.

marxistes, partis sociaux-démocrates, organisations syndicales... – lorsqu'il est apparu clair, et inacceptable, que les modes de domination patriarcaux et coloniaux qu'il s'agissait de combattre se reconnaissaient en réalité jusque dans ces structures. À gauche, les mêmes hommes relativement âgés, diplômés et blancs ne devaient plus automatiquement rafler le capital symbolique en jeu dans les organisations de lutte, tandis que les femmes toujours, ou les étrangers, passaient la vadrouille et s'acquittaient des tâches subalternes, quand ils et elles n'étaient pas tout simplement marginalisés. Sans parler de sordides abus moraux auxquels les femmes restaient exposées.

Le courant intersectionnel a ensuite étendu sa critique à différentes luttes sociales et morales à partir des années 1980. Les femmes noires peinant à se reconnaître dans le féminisme de la deuxième vague parce que noires, ainsi que dans la lutte pour l'émancipation des Noirs parce que femmes, ont contribué à la définition de cette problématique.

Le dire, le dénoncer, revenait à complexifier dans ses pratiques et ses exigences le militantisme, issu diversement de la tradition socialiste, et ainsi en ouvrir et en modifier le prisme. Mais progressivement, la réflexion a davantage éclaté qu'elle ne s'est ramifiée. À ces questions se sont ajoutées de nouvelles causes, notamment autour de l'orientation sexuelle. La mouvance LGBTQ2+ que la théorie intersectionnelle a accompagnée n'a rien d'un parti homogène discourant à l'unisson, comme le veut au contraire le militantisme organisé des XIXe et XXe siècles. On peut y voir la coalition bigarrée de toutes les subjectivités qui se considèrent comme mises au ban des approches instituées de longue date en Occident. Cela n'a pas manqué de générer des antagonismes au sein de ces différents groupes, des féministes contestant par exemple à des transgenres l'accès à des services sous-financés réservés aux femmes[7].

L'expression extensive, LGBTQQI2SAA, donne lieu à un sigle qui additionne à ce point les référents, pour n'oublier personne, qu'il finit par rompre avec lui-même. En cassant avec le générique, il s'essaie néanmoins à en tenir lieu, témoignant qu'on peut très difficilement s'en passer, dut-il maintenant s'affirmer par simple accumulation empirique de cas particuliers. On feint d'avoir trouvé un statut dépassant cette aspiration et la relevant à une représentation d'ensemble, dans ce qui n'est rien d'autre que l'addition de revendications spécifiques. Il s'agissait au départ de rendre plus concrètes des représentations jugées trop abstraites de l'unité de la subjectivité : la personne, l'Homme, le prolétaire, etc. Mais à

7 Rhéa Jean, « Le droit à la dissidence face au discours actuel sur l'identité de genre », dans Normand Baillargeon (dir.), *Liberté surveillée. Quelques essais sur la parole à l'intérieur et à l'extérieur du cadre académique*, Montréal, Leméac, 2019, p. 182-183.

force de morcellement et d'éparpillement, la réalité, loin de devenir plus tangible, semble s'effriter et nous glisser entre les doigts tel du sable fin.

Avec la fin du générique se trouve entamé un certain principe de raison. Plus rien ne résistant au discours dans sa structure interne, la parole peut galoper dans un champ infini de possibles de type existentialiste. Les signataires d'un ouvrage collectif sur la question précisent les premiers que les tenants de cette approche ne se voient pas appartenir à un « bloc », car tous ne se situent pas ensemble aux mêmes carrefours des solidarités. On n'y partage pas un même rapport à l'islamophobie, à l'homophobie et au prolétariat, par exemple. Il est des cas de figure où lutter pour les droits des homosexuels et se montrer hostile à l'immigration musulmane dans son pays se peut, en même temps qu'on déteste les pauvres en les déclarant absolument responsables de leur assistanat social[8]. D'où les querelles intestines qui caractérisent fondamentalement de telles coalitions, plus nominales que socialement effectives.

Cela a concouru à l'ouverture d'abîmes. D'autant plus que la vulgate intersectionnelle s'acquiert facilement, à défaut de sa maîtrise théorique. Combien se sentent investis d'un pouvoir critique sitôt munis des clés de l'interprétation intersectionnelle : le « genre », la

---

8 Boussahba, Delanoë et Bakshi (dir.), *Qu'est-ce que l'intersectionnalité ?*, *op. cit.*, p. 19.

« race », l'âge, l'orientation sexuelle nous revêtiraient du pouvoir immédiat de comprendre sociologiquement le monde, et de le dominer. Ne plus voir que par ce prisme et substituer la pensée complexe à quelques attributs fondamentaux : homme, blanc, vieux... plus besoin de penser, plus besoin de s'enquérir des situations, plus besoin de jauger. *On sait.* Parce que ces critères portent sur des régimes millénaires de domination ne dupant plus personne, d'aucuns détectent par eux une nature propre découlant de ces sujets archétypaux. Homme blanc, occidental, âgé, voire hétéronormé, ou diplômé s'imposent alors dans le discours comme des déterminismes. Par définition, rien ne leur échappe. Et les membres des catégories concernées sont à tout jamais enfermés dans une série de définitions essentielles.

Il devenait inévitable que de telles approches cumulées abîmassent les courants traditionnels qu'il s'était agi d'ouvrir à nombre de courants hétérogènes. À exiger d'un mouvement marxiste ou social-démocrate qu'il épousât toutes les causes potentielles, au risque sinon de fondamentalement décevoir, on ne pouvait qu'en faire le forum où toutes les particularités s'opposent, ne sachant pas occuper de manière recoupée toutes les intersections qui s'ouvrent à la fois.

Un passe-partout privilégié

Le phénomène s'est accentué. Puis s'est imposée une notion fort problématique, parce que détournée de son sens, celle de « privilège ». Ce terme et la très répandue épithète « privilégié » ont fini d'achever, dans les consciences, des conquêtes sociales durement acquises jadis par des catégories sociales nettement dominées. Elles retournent contre lui-même, voire le culpabilisent, quiconque de la classe moyenne se trouve en mesure d'exercer ses menues prérogatives. Jouer au théâtre, enseigner dans le champ de sa vocation, occuper une fonction dans une administration, le faire dans des conditions parfois décentes... ne passent plus aux yeux de certains pour des droits ou pour de simples modalités civiques de nos sociétés. Ceux-là mêmes qui descendent des classes sociales s'étant mobilisées et parfois littéralement battues pour les obtenir les qualifient désormais de « privilèges » dont on doit rougir de les conserver et s'excuser de jouir.

Pour l'écrivaine Tania de Montaigne, « le problème de regarder le privilège blanc comme il est regardé en ce moment, c'est qu'on en déduit en fait que les Blancs ont des droits parce qu'ils sont blancs et donc qu'il va falloir inventer des nouveaux droits pour les Noirs parce qu'ils sont spéciaux. On va partir de cette différence ». Et ce, parce que l'on confond la privation d'accès à des droits universels avec la notion de privilège. Cette confusion peut même être l'occasion pour un Blanc qui se dénonce comme privilégié de se situer lui-même précisément en haut d'une hiérarchie sociétale qu'il dénonce, pour s'attribuer le pouvoir d'aider les autres à gravir les échelons permettant de l'y rejoindre[9].

Maintenant, quelle n'est pas notre stupéfaction de voir ces conquêtes sociales présentées comme des privilèges lorsqu'elles sont, de surcroît, vécues sur un mode précaire. Des artistes masculins et blancs, sous-financés au point de devoir continuellement vendre leurs forces de travail aux agences de publicité ou se consacrer à des emplois strictement alimentaires, vont eux-mêmes s'humilier à se présenter comme « privilégiés », parce qu'ils ont accès à la scène davantage que ceux d'autres groupes sociaux relégués au statut de minorités (femmes, noires, musulmanes, lesbiennes...). Le fait, certes, est démontrable en sociologie et reste un enjeu majeur, comme en témoigne par exemple un courant féministe constatant le peu de place laissé aux femmes au théâtre[10]. Mais doit-on pour autant tout confondre ? Cela fait-il de ceux qui tentent péniblement d'en vivre les tenants d'un avantage indu ? L'acte même d'enseigner y passe : quelle chose devenue odieuse que celle de prodiguer à son tour des théories qu'on a apprises soi-même sur les bancs

---

9 Entretien de Tania de Montaigne, émission *C politique*, France 5, 7 juin 2020 ; et Irène Ahmadi, « Privilège blanc : Tania de Montaigne exprime son désaccord avec Virginie Despentes », *Les Inrockuptibles*, 9 juin 2020. Lire, de Tania de Montaigne, *L'assignation. Les Noirs n'existent pas*, Paris, Grasset, coll. « Essais et documents », 2018.

10 Stéphanie Marin et La Presse canadienne, « Des pistes de solution pour accroître la place des femmes au théâtre », *Le Soleil*, 5 novembre 2019.

d'école, et auxquelles on doit une présumée « ascension sociale » jugée condamnable en elle-même[11] ! Dans ce difficile exercice d'expiation, le corpus scientifique qui fut si longtemps le nôtre devient un marchepied destiné à la seule reproduction professionnelle et le fait d'enseigner ces mêmes œuvres à l'université un acte colonial. Il faudrait que se mortifie un chargé de cours vivant aujourd'hui sous le seuil de la pauvreté, et peinant comme tant d'autres à rembourser les quelques dizaines de milliers de dollars qu'il doit formellement à une institution bancaire au titre de sa dette étudiante[12], en se concevant comme « privilégié » au moment où il enseigne les thèses de Karl Marx, Rosa Luxemburg ou Theodor Adorno à ses étudiants ? En quoi doit-on considérer qu'il a réussi, qui plus est dans un milieu gangrené par la violence psychologique[13] ?

Les questions qui se posent alors surabondent.

En quoi donc pratiquer sa vocation dans des conditions plus ou moins décentes serait-il un privilège indu ?

---

11 Maïka Sondarjee, « Le droit de penser », *Nouveau Projet*, nº 20, septembre 2021, p. 29.

12 Heidi Charvin, « La longue route de la précarité des docteurs sur le territoire français », Syndicat national de l'enseignement supérieur, Fédération syndicale unitaire, 6 septembre 2016.

13 Jennifer L. Martin, Martina L. Sharp-Grier et Kathleen Piker-King, « Prime Targets: Identity Markers as the Secret Rationale for the Preponderance of Bullying in Academe », dans Michele A. Paludi (dir.), *Bullies in the Workplace: Seeing and Stopping Adults Who Abuse Their Co-Workers and Employees*, Wesport, Praeger, 2015.

Il s'agit d'un état de normalité, plutôt, qu'on peut souhaiter tel et dont il faut se demander concomitamment pourquoi et comment des groupes sociaux entiers en sont exclus. Présenter les choses ainsi a le mérite d'économiser une distraction et de faire valoir un problème dans sa gravité, sans déprécier inutilement des acteurs sociaux inscrits dans leur légitimité.

En quoi donc enseigner le corpus de la tradition occidentale serait-il une faute, dès lors qu'on sait le relativiser en réfutant sa prétention de jadis à l'universel ? S'il est effectivement salutaire que l'Afrique vienne au secours de l'Occident, comme l'indique le beau titre d'un livre d'Anne-Cécile Robert, on peut très bien par ailleurs sonder le vaste corpus occidental de connaissances sans recevoir continuellement des leçons de vie. Les corpus grecs, latins et chrétiens, la pensée moderne et le carrefour postmoderne ne sont en rien une menace ni n'entrent en opposition avec ceux qui souhaitent aussi sonder les vastes connaissances scientifiques du monde arabe, la science politique telle qu'on peut la concevoir en Afrique subsaharienne ou l'interculturalité en Amérique du Sud. Réduire la culture occidentale, qui n'est en rien transmise de manière satisfaisante, à une seule œuvre hégémonique et colonialiste, qu'une poignée de critères intersectionnels auraient fini d'épuiser, montre le degré de petitesse du « pouvoir » dont les auteurs à la mode pensent être soudainement dépositaires. Combien aujourd'hui se complaisent dans la mortification d'eux-mêmes, en condamnant leur propre « pensée blanche », pour s'empresser du même souffle de servir à leurs semblables de farouches injonctions à la contrition ?

Ce phénomène concourt conséquemment à retourner contre lui-même le corpus de textes émancipatoires. Alain Roy, aujourd'hui directeur de la revue *L'Inconvénient*, se souvient du premier travail inspiré de cet éthos qu'il a reçu d'une étudiante, alors qu'il enseignait la littérature au tournant du siècle. Il s'agissait pour elle, de toutes les manières, même les plus contradictoires, de pousser Gabrielle Roy dans le camp des dominants, des colonialistes et des privilégiés, même quant à des écrits où, à l'évidence, la romancière prenait parti pour le camp des dominés. La copie se nourrissait explicitement de la théorie postcoloniale, qu'elle répétait mécaniquement, et avait ainsi « la propriété de pouvoir fonctionner de manière autonome, indépendamment de son objet. Comme tous les discours lourdement idéologiques, ce discours se déployait d'une manière prévisible et prédéfinie, en déroulant une série de formules incantatoires qu'on pouvait appliquer à tout objet s'y prêtant en apparence ». L'auteur décline la série d'injonctions contradictoires par laquelle cette rhétorique se renforce : plaindre une victime revient à la priver de son *agency*, mais ne pas le faire revient à en ignorer les souffrances ; de même que les mots d'esprit traduiraient de l'insensibilité, mais l'empathie une manifestation de *white guilt*, et ainsi de suite à l'infini[14]. Tels étaient ses premières impressions, tant il était facile de mesurer l'écart entre le caractère monologique du discours et l'objet qui s'en démarquait sitôt qu'on le connaissait un peu.

La féministe Annie Cloutier démonte par l'absurde cette notion mal comprise de privilège : « Si un jour j'obtiens enfin un doctorat, ce sera au terme de nombreuses années d'efforts dans le but d'obtenir ce que ma société considère comme de la crédibilité. Devrais-je alors me taire parce que je fais partie des 0,4 % de Canadiens privilégiés qui détiennent un diplôme universitaire de troisième cycle[15] ? »

C'est que la notion de « privilège » ainsi entendue permet tous les glissements. Le cas d'Annamie Paul est éloquent. La furtive cheffe du Parti vert du Canada fut la première représentante noire d'un parti comptant des députés au parlement fédéral. Elle s'est aussi inscrite dans le débat public comme étant juive. Cette deuxième caractéristique s'accompagne d'un parti pris de sa part – lui, résolument politique, intellectuel et libre –, à savoir son soutien aux politiques nationalistes

---

14 Alain Roy, « Le réel n'est pas sécuritaire », *L'Inconvénient*, nº 86, automne 2021, p. 3.

15 Annie Cloutier, *Aimer, materner, jubiler. L'impensé féministe au Québec*, Montréal, VLB, 2014, p. 33.

et spoliatrices de l'État d'Israël. De ce point de vue, elle a laissé un proche conseiller torpiller la campagne électorale à venir d'une des députés de son parti, au prétexte que celle-ci s'était publiquement formalisée du « régime d'Apartheid » dans lequel sont plongées des communautés palestiniennes dans les territoires occupés, en lien avec de nombreuses résolutions du Conseil de sécurité de l'Organisation des Nations Unies (ONU) le dénonçant. Dans un article énumérant en outre tous les autres dossiers litigieux entre Mme Paul et l'organe décisionnel du parti, Radio-Canada a soulevé l'hypothèse du racisme systémique pour expliquer les différents ratés de l'intéressée. À propos spécifiquement du salaire jugé exorbitant que Mme Paul exigeait du désargenté Parti vert, parce qu'elle n'était pas députée elle-même, et que les instances du parti lui ont longtemps refusé, un conseiller de Mme Paul, Sean Yo, a en effet plaidé le fait du « racisme systémique » : « Je pense que si elle avait été issue d'un milieu plus privilégié, il y aurait eu plus de déférence de certains membres du parti à son endroit[16]. »

En l'espèce, une telle assertion est évidemment invérifiable, et c'est en cela qu'elle permet tous les dérapages. Elle devient par trop commode pour ceux qui en usent, même si on est embarrassé de la repousser.

16 Laurence Martin, « Dans les coulisses du "déraillement" au Parti vert », Radio-Canada, 30 septembre 2021.

Donc, en discuter nous plonge inévitablement dans des ratiocinations sisyphéennes : dans quelle mesure une diplômée de Princeton, avocate membre du Barreau et cheffe de parti, gratifiée d'un salaire plusieurs fois supérieur à celui de la moyenne, reste encore dans le camp de ceux qui ont insuffisamment de « privilèges » ? Aurait-on automatiquement consenti à sa demande si elle avait été un homme blanc ? À contrario, n'y a-t-il pas des cas où même des hommes blancs, diplômés dans des secteurs de pouvoir comme la science économique, charismatiques et fondateurs de leur organisation, ont éprouvé de la difficulté à obtenir de leurs structures précaires un salaire bien moindre que celui qu'Annamie Paul exigeait, par exemple Jean-Martin Aussant comme chef du parti Option nationale en 2013[17] ?

De fait, on peut continuer de supposer qu'en toutes circonstances, de manière insidieuse et inconsciente, la discrimination reste potentiellement à l'œuvre. Et sourdement. Auquel cas, si on souhaite toutefois rester rigoureux, selon quels critères peut-on avancer que l'option du racisme a été subtilement adoptée par les uns et les autres, pour ne pas donner soi-même dans d'abusives accusations ? Trop spéculative, la question

---

17 Hugo Pilon-Larose, « Aussant recevra un salaire d'Option nationale », *La Presse*, 3 mars 2013 ; et Rhéal Mathieu, « Aussant carbure au fric », *Vigile Québec*, 13 août 2013.

permettra toujours aux conservateurs de nier l'hypothèse *faute de preuves*, et encore une fois d'invalider tout le phénomène sociologique du racisme systémique. Trop spéculative toujours, elle permettra à ceux qui s'en éprennent d'en user sans ménagement, à leur gré.

Haro sur le générique

Cette fragmentation et l'incapacité d'une pensée générique ont fini par gangrener la langue elle-même. Parce que le générique en français se reconnaît dans la même morphologie que le masculin, on a tôt fait de confondre l'un et l'autre, en maniant par exemple l'oxymore « masculin générique ». Or, une telle expression n'a pas lieu d'être, au sens où, s'il y a générique, celui-ci ne saurait se laisser identifier à quelque genre. Le linguiste André Chervel le suggère clairement :

> Non seulement les adjectifs « substantivés » (*le froid et le chaud, le rouge et le noir...*), mais tous les mots de la langue sans exception retombent dans le masculin pour peu qu'on désire parler d'eux : *le pour et le contre, le haut et le bas, le bien et le mal, le dessus et le dessous, le moi.* [...] De l'adverbe, il faudrait également y mesurer la place exacte du masculin, avec par exemple l'emploi très général des adjectifs masculins dans les expressions *taper fort, marcher droit, coûter cher, voir grand, sentir mauvais, chanter*

juste, acheter français, manger chaud, haut les mains ou *plein les poches*[18].

Mais on comprend, à suivre le linguiste, que ce masculin n'en est pas un ; il s'agit plutôt de ce qu'il finit par appeler le genre « de base » du français...

Les formules qui ressortent à lui occupent une fonction conceptuelle majeure ; elles permettent les abstractions et les enchaînements d'idées sur un plan strictement réflexif. À partir de ces signes s'organisent tous les éléments pensants de la langue. Non plus le masculin mais le générique se confond au système de la langue elle-même.

Ce rappel ne nous empêche pas de tenir compte du fait que la langue française s'est incontestablement constituée sous l'influence du patriarcat, et de le dénoncer. Et de le faire adéquatement. Si on s'entend pour présenter ce qu'on appelle le « masculin » pour un genre de base en français, un générique, force est d'enchaîner en présentant l'aspect patriarcal de la langue non pas par un usage abusif du masculin, mais par *une absence de masculin.* En reprenant la forme générique pour désigner tel homme menuisier ou tel homme

---

18 André Chervel, « La place du masculin dans la langue française : pourquoi le masculin l'emporte sur le féminin », dans Danièle Manesse et Gilles Siouffi (dir.), *Le féminin et le masculin dans la langue. L'écriture inclusive en questions*, Montrouge, ESF Sciences humaines, coll. « Pédagogies », 2019.

étudiant comme étant respectivement « un menuisier », « un étudiant », on se trouve à reproduire pour le masculin, et empiriquement pour les hommes, le générique lui-même. Là est le problème. Si elle eût été inclusive, notre langue ne se serait pas satisfaite de former un féminin pour distinguer une menuisière d'un menuisier, ou une étudiante d'un étudiant. Elle aurait aussi prévu un masculin empirique. Par exemple, on pourrait s'imaginer écrire *uno menuisierio* et *uno étudianto* pour désigner tel menuisier homme ou tel étudiant masculin, pour les distinguer empiriquement d'une menuisière et d'une étudiante, qui sont féminins.

Pourquoi y a-t-il là un enjeu ? Parce qu'à pratiquer ce que nous appelons précipitamment le français inclusif, nous ne sabordons rien de moins qu'un régime d'écriture et de pensée qui appartient au mode générique de représentation, et non au seul mode empirique. Cela représente un tort collectif que nous nous infligeons pour tenter d'en réparer un autre. Par exemple, lorsqu'en 2013 le magazine littéraire *Le Libraire* est devenu *Les Libraires*, ce changement de nom n'a pas seulement consisté en un passage du singulier au pluriel pour permettre, ce faisant, l'addition du féminin au masculin, « les libraires » pouvant tout autant référer à une libraire qu'à un libraire. Il s'est aussi agi – et c'est de cela qu'il faut être conscient – d'un passage du générique à l'empirique. *Le Libraire* ne renvoyait à aucun ou aucune libraire en particulier, mais à l'institution même de la librairie en tant qu'elle est tenue par une figure sociale qu'on reconnaît comme étant conceptuellement « le libraire ». L'expression « les libraires », au contraire, renvoie *de facto* aux personnes mêmes des libraires, à leur multitude, à leur contingence. Procéder ainsi, évidemment, n'est en rien une faute. Cela risque de le devenir lorsque, en faisant ce choix à de seules fins inclusives, on n'est pas conscient du changement de statut qu'on fait subir au référent. Et lorsque l'impératif de l'inclusion nous amène à tout moment à chercher à incarner, en l'occurrence, le libraire et la libraire en les libraires, on risque de se priver en tout temps du registre de pensée générique qui nous est lui aussi précieux.

Il reste qu'à se dire « le libraire », une figure le plus souvent masculine risque fort de surgir en notre esprit. L'idéal fut que nous disposassions d'une langue comprenant le générique, soit *le libraire,* et, sur un mode empirique, d'un véritable masculin flanquant le féminin que nous connaissons déjà, *la libraire,* d'un *librairo,* par exemple. Le projet prométhéen qui attend maintenant ceux qui seraient convaincus par une telle approche est de faire passer de telles modifications dans les mœurs...

Pour parer ce problème en en générant d'autres de même envergure, il arrive qu'on ait recourt à un nouveau suffixe en « -ixe » pour marquer la volonté de n'appartenir à aucun genre. Des « autrixes » et des « lectrixes », par exemple, entretiendront un rapport spécifique à leur « librixe ». Mais ce générique bâtard n'arrive en rien à se substituer à l'ancien, celui qu'on ne voit plus du fait de l'avoir travesti en masculin, car il apparaît dépourvu de sédimentation, de mémoire, de sensibilité. Ce générique sans origine n'excède pas son statut de pur reflet d'une actualité militante.

Finalement, c'est peut-être le signifié du morphème générique qu'il s'agira d'investir, plutôt que de tenter d'altérer péniblement des signifiants rigoureusement établis dans le temps, sur un mode « inclusif » qui, d'ailleurs, ne résiste toujours pas au passage à l'oral. Nous pourrions ainsi favoriser une imagerie pluraliste à partir des formes du générique.

Qu'est-ce qu'un privilège ?

Donc, revenons-y, qu'est-ce substantiellement qu'un « privilège » ? Un « droit exclusif ou exceptionnel accordé à un individu ou à une collectivité de faire quelque chose, de jouir d'un avantage[19] ». Ainsi doit se sentir désormais le moindre professionnel exerçant un métier qu'il chérit ? User de ce terme « privilège » en lieu et place de traiter de droits acquis, parce que des groupes sociaux marginalisés, effectivement, peinent à se prévaloir de ces droits et opportunités, c'est au moins en méconnaître le sens. Qu'on assiste à ce genre de glissements dans un certain militantisme

---

19 « Privilège », *Antidote 10,* Montréal, Druide informatique, 2020.

peut convenir, bien que cette fausse prémisse conduise vers une orientation platement moraliste. Mais que des universitaires abondent dans ce genre de confusions, les légitiment et les enseignent, puis pérorent et tiennent colloque à leur propos, cela devient plus inquiétant. Et a des incidences.

Faut-il rappeler ici quelques rudiments de l'histoire occidentale, à savoir que la lutte contre les privilèges a motivé la Révolution française ? Elle a d'abord consisté, pour la classe des paysans, des ouvriers et des domestiques, soit le tiers état allié à une certaine bourgeoisie marchande, en une fronde populaire contre la captation indue par l'aristocratie des richesses de la nation. En droit, un privilège, un *privilegium,* tient en une loi privée visant à constituer un sujet de droit particulier, sur la base d'une faveur exceptionnelle qui lui est octroyée. Une faveur privée, donc. En droit, seuls les nobles pouvaient posséder des terres et bénéficier directement du servage et des corvées. D'autres corporations, comme le clergé et la bourgeoisie, détenaient aussi des pouvoirs exclusifs. Un privilège s'entend donc comme un pouvoir indu de la part d'une catégorie sociale identifiée et formellement reconnue, sur une part de richesses devant en principe relever du bien commun. Ce sont ces privilèges qu'abolirent les révolutions modernes. L'abolition des privilèges consiste donc en une reconnaissance publique et commune de biens qui ne sauraient être réservés à une catégorie en propre. Il s'agit donc de leur soutirer, par la force ou par le droit, cette appropriation.

Discerner un privilège dans la réalité contemporaine, ce serait par exemple citer les institutions financières qui se voient accorder, à elles seules, le droit de créer de la monnaie à hauteur de dix fois leurs fonds propres. Une banque qui octroie une hypothèque à un client a donc le loisir de faire apparaître dans le compte de ce dernier des fonds financiers qu'elle ne possède pas, mais qu'elle touchera en réalité seulement lorsque cet argent lui sera « remboursé ». Aucune autre institution ni particulier disposant par exemple d'une épargne de 100 000 dollars ne peut en créer artificiellement 1 million sous la forme de prêt, jusqu'à ce que ce montant existe bel et bien des suites du remboursement. Voilà un privilège.

Mais le discours actuel perd ce type de considérations dans un point aveugle. Poussée à ses dernières limites, la notion de « privilège blanc » porte sur la vie elle-même ! C'est ce que titre sans détour *The Atlantic*[20]. Ne pas risquer de se faire tuer à tout moment deviendrait une distinction indue favorisant les Blancs. Conceptuellement, puisque les privilèges sont ce contre quoi les progressistes se battent depuis le siècle des Lumières, il s'agirait donc de militer pour

20 Ibram X. Kendi, « The Greatest White Privilege Is Life Itself », *The Atlantic*, 24 octobre 2019.

que les Blancs ne profitent plus d'un régime de faveur et soient donc eux aussi sujets à tout moment à des exécutions sommaires, ou, par extension, que les hommes soient proportionnellement aussi nombreux que les femmes à vivre dans l'extrême pauvreté. Devenu délirant, le discours sur les privilèges fait perdre jusqu'au sens des causes sociales.

Le professeur de science politique états-unien Lawrence R. Jacobs a longuement étudié les Blancs du Midwest américain – chômeurs depuis des générations ou prolétaires aux multiples emplois sous-rémunérés – en tant qu'ils quittent toutes les organisations qui se présentent comme *liberal* (centre gauche), cette gauche urbaine et cosmopolite les accusant mécaniquement de jouir de « privilèges[21] ». Esseulés, ils finissent alors souvent par succomber à la rhétorique d'extrême droite.

---

21 Lawrence R. Jacobs, « Minnesota's Urban-Rural Divide Is No Lie », *Star Tribune*, 26 juillet 2019, cité dans Benoît Bréville, « Quand les grandes villes font sécession », *Le Monde diplomatique*, mars 2020, p. 1 et 16-17.

Qui faire ?

Au vu d'un tel état de la culture, la question du *qui* devait l'emporter fatalement sur celle du *quoi*, c'est-à-dire que le *qui parle* compte davantage que le propos tenu, lequel devient d'ailleurs paradoxalement interchangeable et stéréotypé. On prend plus de temps à se justifier de parler ou à revendiquer de le faire que de s'assurer d'avoir quelque chose à dire.

Cette disposition d'esprit n'est pas aussi récente dans la gauche qu'on pourrait le croire. L'historien anglais Tony Judt ne cessait de s'étonner du flou dans lequel s'est développé en France le discours de gauche au sujet de ses revendications et de ses ambitions pratiques. « Qui a le droit de régner, et à quelles conditions ? Il vaut la peine de noter que de Saint-Just à Léon Blum, la gauche s'est toujours plus intéressée aux raisons que pouvait invoquer une personne ou un parti pour prétendre hériter de l'autorité qu'aux fins que devait servir cette autorité[1]. » Encore au tournant du XXIe siècle,

1 Tony Judt, *Le marxisme et la gauche française. 1830-1981*, Paris, Hachette, coll. « La force des idées », 1987 [1986], p. 17.

pour un communiste comme Jean-Claude Gayssot, à l'origine simple électricien, il importe de prétendre lui aussi au poste de ministre des Transports, même s'il devait à ce titre procéder à la privatisation d'Air France ou militer pour l'existence du Concorde, avion de classe s'il en est. Ou pour Pierre Bérégovoy d'exhiber ses origines ouvrières afin de gravir les échelons des structures politiques, bien qu'il le fit pour mener comme ministre de l'Économie des politiques libérales tout à fait favorables au grand capital. Le même homme a contribué à enfoncer la population algérienne dans la spirale d'un endettement profitant notoirement à une oligarchie corrompue, tout en autorisant les sociétés françaises à commercer avec le régime d'Apartheid de l'Afrique du Sud[2]... Pour la gauche française, l'accès aux pouvoirs de la République bourgeoise par des non-bourgeois a pu, par moments, apparaître comme une fin en soi.

Le développement des théories intersectionnelles récupérées par les grandes organisations publiques et privées a favorisé ce phénomène de perversion de la critique sociale.

La professeure Catherine Liu regrette dans son livre *Virtue Hoarders* que la catégorie sociale des cadres,

2 Alain Deneault, *De quoi Total est-elle la somme ? Multinationales et perversion du droit,* Paris/Montréal, Rue de l'Échiquier / Écosociété, 2017, p. 137 et 261 / p. 101 et 195.

qu'on appelait jadis les cols blancs, oublie désormais son évidente filiation avec le prolétariat, pour ne plus s'identifier qu'aux intérêts de l'oligarchie financière et industrielle. Ces salariés, dont les membres forment la classe moyenne aisée, se fantasment en rentiers du capital. Afin de se distinguer des ouvriers, des chômeurs et des composantes peu instruites de la société, cette classe moyenne aisée a développé un chic de la consommation en même temps qu'un goût subtil pour des vertus morales empreintes de sociologie. C'est dans ce milieu, juge Liu, que les diverses stratifications sociales ventilées en termes de sexe, d'orientation sexuelle, d'âge et d'ethnie ont pris le dessus, dans les consciences, sur l'enjeu structurel et majeur de la lutte des classes. Les cadres comme catégorie sociale ont dissipé la sociologie héritée du mouvement marxiste en priorisant « le terme *intersectionnel*, juridicisant et mortifère, pour adapter leur politique à la critique matérialiste[3] ». Cette classe professionnelle et managériale – les cadres –, « ne veut tout simplement pas être démasquée du point de vue de son identité ou de ses intérêts de classe[4] ». Le moralisme qui la caractérise se révèle le cache-sexe de sa conscience sociale : elle lui

---

3 Catherine Liu, *Virtue Hoarders: The Case against the Professional Managerial Class*, Minneapolis, University of Minnesota Press, coll. « Ideas First », 2021, p. 9.
4 *Ibid.*

permet de justifier son éloignement des classes populaires sans pour autant la faire explicitement adhérer aux intérêts des plus puissants, auxquels elle a pourtant effectivement confondu les siens. Procédant ainsi, la gauche institutionnelle, dont l'élite provient largement de ces milieux, a abandonné à la droite populaire ou fasciste la critique de ce moralisme, radiant ainsi de la cartographie parlementaire les enjeux de classe et la lutte pour la justice sociale[5].

La sociologue Eva Illouz fournit un bel exemple de cette disparition, lorsqu'elle se réjouit de la prétendue influence du féminisme dans les théories managériales que développent depuis une centaine d'années les grandes entreprises privées. La théorie communicationnelle, le droit à l'expression des employés, l'écoute active au titre d'une modalité fonctionnelle et toute la psychologie d'entreprise visant à en faire le socle d'une culture commune seraient dus aux femmes. Cet arsenal de pratiques et de méthodes a en effet été développé dans les années 1920 aux États-Unis par un spécialiste de l'organisation privée, Elton Mayo, travaillant principalement auprès du personnel féminin de la Western Electric Company. « La principale découverte d'Elton Mayo fut que la productivité augmentait quand les relations de travail tenaient compte des émotions

5 Lire aussi Chris Hedges, *La mort de l'élite progressiste,* Montréal, Lux, coll. « Futur proche », 2012.

des ouvriers », se félicite la sociologue[6], s'accrochant à cet adage : qui donc, mieux que des femmes, pour apprendre à un homme les vertus de l'émotion ?

> Dans les expériences menées par Mayo à la Western Electric Company, tous les sujets étaient des femmes. Sans que lui-même s'en rende compte, les découvertes de Mayo furent profondément influencées par le genre : à cet égard, si les féministes considèrent souvent que la masculinité est implicitement inscrite dans la plupart de nos catégories culturelles, les découvertes de Mayo relèvent incontestablement du phénomène inverse, c'est-à-dire de l'inscription de la féminité dans des propositions à caractère « universel »[7].

Il n'y a nullement lieu de réduire l'approche intersectionnelle à ces seules lectures. Un journal comme *Mediapart* essaie au contraire de les intégrer à une conscience de gauche dans un esprit de synthèse qui rencontre un certain succès. Et une candidate à l'investiture chez les Verts pour l'élection présidentielle en France telle que Sandrine Rousseau a montré qu'on pouvait tresser avec doigté et exigence les questions intersectionnelles, les enjeux sociaux et la cause écologique, en maniant l'analogie de façon à susciter du

---

6 Eva Illouz, *Les sentiments du capitalisme*, Paris, Seuil, 2006, p. 32.
7 *Ibid.*, p. 36.

sens, du désir et de l'espoir. D'autant plus que tout programme social universel et tout ajustement écologique tendent, de fait, à favoriser les femmes ainsi que les autres groupes sociaux marginalisés[8].

Néanmoins, ces discours nous rappellent que le capital, c'est-à-dire les organisations de la haute finance et de la grande industrie, le cœur battant de la domination effective de notre époque, n'éprouve aucune difficulté à assimiler le discours.

À titre d'exemple, dans le secteur du management, l'entreprise Lockheed Martin – le plus grand vendeur d'armes de la planète revendiquant un chiffre d'affaires de 35 milliards de dollars[9] – a contraint ses cadres à suivre une formation sur la notion de « privilège blanc ». On veut bien vendre des armes, mais désormais sans les allures de personnages incarnés par Sylvester Stallone. Ce camp de rééducation a consisté pour eux à expier les péchés inconscients propres à leur condition. Il s'agissait pour ces marchands de canons d'associer leur subjectivité blanche et masculine à l'essence même du fascisme, du racisme, de la misogynie, et à chercher à s'exorciser au moyen d'une série d'exercices

8 Catherine Larrère (dir.), *Les inégalités environnementales,* Paris, PUF, coll. « La vie des idées », 2017 ; et Aurélie Lanctôt, *Les libéraux n'aiment pas les femmes. Essai sur l'austérité,* Montréal, Lux, coll. « Lettres libres », 2015.

9 Michel Cabirol, « Lockheed Martin, meilleur vendeur d'armes de la planète », *La Tribune,* 27 février 2012.

contraignants. La droite conservatrice n'a eu aucune difficulté à dénoncer le manège, il lui a suffi de le décrire en produisant quelques pièces à l'appui[10].

La même logique prévaut dans le champ du marketing. Pour redorer leur image malmenée par la critique écologique, des sociétés pétrolières se complaisent dans une représentation inclusive d'elles-mêmes[11]. La prétention à l'*United Color*, jadis promue mondialement par une marque de vêtements, et maintenant étendue à toutes les sphères du questionnement sociétal, n'apparaît plus comme un créneau spécifique, mais tel un passage obligé la confinant à la caricature.

Le militantisme de type intersectionnel s'accommode davantage du contexte des inégalités sociales qu'il ne cherche à les éliminer, lorsqu'une approche psychologique y prévaut. C'est ce que relève Rick Fantasia, dans un article remarqué sur « la gauche cannibale ».

> La notion de classe semble dissociée des dynamiques collectives et des conflits qu'impliquent les rapports de classe. Ceux-ci semblent dès lors appeler un traitement par la thérapie de groupe afin de guérir des blessures

---

10 Christopher F. Rufo, « The Woke-Industrial Complex », *City Journal*, 26 mai 2021.

11 Mickaël Correia, « Le "wokewashing", la nouvelle stratégie des majors pétrolières », *Mediapart*, 22 janvier 2022.

> psychologiques. D'ailleurs, l'invention récente du mot « classisme », sur le modèle de « racisme » et « sexisme », se rapporte bien plus aux attitudes et aux propos préjudiciables (le snobisme, le mépris) qu'à l'expropriation matérielle des travailleurs découlant logiquement d'un ordre capitaliste. Au demeurant, « construire des ponts » entre riches et pauvres ne réduira pas les inégalités[12].

Sois riche, mais respecte-moi au moins dans mes attributs de pauvre, semble limité à dire le second au premier, selon cette perspective. La lutte des classes ne répond plus à l'appel de l'unité du *Manifeste* de Marx et Engels. Elle réfracte ses luttes communauté par communauté dans une division qui permet à l'évidence aux plus puissants de mieux régner, voire de se travestir en critiques des « privilèges » de la « majorité dominante ». Même l'histoire sociale est réécrite à l'aune des critères de l'époque, par exemple lorsque des idéologues décrivent la Révolution américaine au mépris des faits, comme étant l'œuvre de colons esclavagistes opposés à d'honnêtes abolitionnistes britanniques[13]. Au mieux, seuls le mythe de l'égalité des chances et la perspective de la mobilité sociale semblent s'offrir aux prolétaires, à titre individuel.

---

12 Rick Fantasia, « La gauche cannibale, un syndrome universitaire », *Le Monde diplomatique*, août 2019.

13 Liu, *Virtue Hoarders, op. cit.*, p. 29.

Comme si les rares voies de sortie qui se présentent à une minorité de dominés, pour gravir quelques échelons dans la vertigineuse hiérarchie sociale, et ainsi en apparence s'affranchir de ses conditions de classe, rachetaient la situation de tous.

Une majorité d'entreprises, d'organisations et d'institutions assimilent aujourd'hui sans résister ce discours inclusif, préconisant comme justification de leurs activités la diversité subjective de leur personnel et de leurs représentants. Elles prennent le pli tout en continuant à profiter du mode de pillage systématisé que représente le régime capitaliste, et ce, principalement au détriment des femmes, des Noirs, des non-chrétiens partout dans le monde, en tant qu'ils font majoritairement partie d'un prolétariat férocement exploité. Au peuple, dont le cri s'entendait hier encore comme un appel à la démocratisation du rapport au travail, il reste aujourd'hui à contempler le spectacle d'une gauche morcelée qui se livre à elle-même des conflits démultipliés d'identités.

La raison pure

LA CRITIQUE ne saurait faire l'économie de la spécificité des circonstances. Sinon, écraser toutes les situations conduit à ne plus faire valoir que l'autoréférentialité des thèses sur lesquelles on s'appuie. Un exemple : les hommes tendent à interrompre davantage les femmes en situations sociales, qu'elles soient formelles ou informelles[1]. C'est indéniable : des sociologues répertorient des éléments de comparaison probants dans le cas, par exemple, de débats politiques dûment régulés. La tendance est lourde. Et il est des cas concrets où l'allégation est manifestement fondée, par exemple lorsque le ministre français de l'Intérieur Gérald Darmanin tance spécifiquement une journaliste qui le talonne par ses questions, en lui disant : « Calmez-vous, Madame, ça va bien se passer[2] », ou lorsque de manière récurrente le politique français

1 Anne Chemin, « "Manterrupting", le sexisme ordinaire sur la voix publique », *Le Monde*, 2 mars 2017.

2 Entretien de Gérald Darmanin, ministre français de l'Intérieur, accordé à Apolline de Malherbe, *Bourdin direct*, RMC/BFMTV, 8 février 2022.

Arnaud Montebourg passe outre la présence d'une femme sur un plateau, en diminue une autre par un choix de termes offensants ou s'érige au-dessus d'elle pour lui donner des leçons de vie condescendantes[3].

Mais la règle n'est pas absolue pour autant. Un gars qui interrompt tel jour à telle heure telle femme n'abuse pas nécessairement de ses prérogatives masculines. Tel homme qui interrompt telle femme à tel moment, et ce, systématiquement, n'est pas non plus systématiquement enclin à pratiquer le *mansplaining*. On a vu des gens extravertis et dominateurs se comporter exactement de la même façon devant des hommes que devant des femmes. Le film *My Dinner with Andre* de Louis Malle témoigne de ce type de scène où un interlocuteur masculin en domine un autre en raison de sa personnalité[4]. Dire qu'il abuse de sa masculinité dans de telles circonstances devient alors incorrect, bien qu'il ne soit pas injuste de signaler qu'il est plus aisé généralement pour un homme d'adopter ce type de comportement envers autrui, même si l'on peut citer aussitôt de nombreuses exceptions de femmes qui ont le verbe haut et l'autorité naturelle...

---

3 Anne-Charlotte Dancourt, « Vidéo : Arnaud Montebourg a-t-il un problème avec les femmes ? », *Les Inrockuptibles,* 7 décembre 2016 ; et Arthur Guyard, « Arnaud Montebourg vexé par les questions d'une journaliste », *Gala,* 30 août 2014.

4 Louis Malle, *My Dinner with Andre,* New Yorker Films, 1981, 110 min.

La question est d'autant plus complexe que l'objet social concerné change lui-même du fait d'être analysé. Nommer un problème, l'étayer, militer pour sa reconnaissance… entraîne des transformations sociales qui appellent à leur tour un ajustement du discours – ce qui ne signifie évidemment pas son abandon.

Le risque d'assister à un dérapage rhétorique est grand dès lors que la critique se réclame d'une pureté axiologique. On réduit alors une poignée d'assertions aux éléments fondamentaux d'un impératif synthétique de l'entendement. Un homme, un Blanc, un vieux… comportent des attributs qui obligeraient la raison à les considérer selon un certain nombre de paramètres. On feint de pouvoir ici opérer comme s'il s'agissait d'un de ces jugements synthétiques *a priori* qu'Emmanuel Kant a théorisés. Tout comme l'opération 7 + 5 qui mène nécessairement au constat d'équivalence du nombre 12, bien que celui-ci n'appelle pas qu'on passe par cette opération spécifique pour l'obtenir, la critique contemporaine, dans sa dimension puriste et systématique, en vient à supposer que l'homme blanc diplômé et âgé sera nécessairement dominant quelle que soit sa personnalité dans telle ou telle situation. Elle conçoit comme étant systématique ce qui relève plutôt d'une opération strictement mentale se présentant comme nécessaire à l'esprit, indépendamment des réalités sensibles, du moment où celui-ci baigne dans les évidences rassurantes de ses certitudes idéologiques. Puis, les constructions issues de cette pseudo-raison pure sont plaquées sur des événements de la vie sensible sans considération pour eux-mêmes, à la manière de grossières amphibolies.

Jacques Grand'Maison observe que cet enfermement dans la pureté du discours entraîne un état de déréliction. « On se décrète soi-même tout à la fois ; boussole et nord, chemin et sens. Une belle façon de se trouver seul au monde et dans le monde ! [...] Or, c'est l'exercice du jugement qui nous apprend le mieux à nous distancer de nous-mêmes et à dégager un horizon de sens[5]. » Dans cet état d'esprit, le slogan en vogue, « tout est politique », résume la vie sociale à d'étroites injonctions. Le mot d'ordre tient en faisceau tous les registres de l'entendement et mène à l'inquisition. Annie Cloutier écrit : « Pour plusieurs idéologues féministes, il est juste, nécessaire et bon que les citoyens puissent s'exprimer dans l'espace public en autant que cela ne dérange en rien la mise en application du programme politique qu'elles se sont donné[6]. » D'aucuns

---

5 Jacques Grand'Maison, *Quand le jugement fout le camp,* Montréal, Fides, 1999, cité dans Rachida Azdouz, *Panser le passé, penser l'avenir. Racisme et antiracismes,* Montréal, Édito, 2021, p. 108.

6 Annie Cloutier, *Aimer, materner, jubiler. L'impensé féministe au Québec,* Montréal, VLB, 2014, p. 32.

en appellent à des discussions plus apaisées, refusant de bêtement *choisir leur camp*[7].

Il n'est pas étonnant que, dans ce contexte intellectuel, le maniement de symboles écrasants prévale. Il n'y en a plus que pour eux, quitte à s'embrouiller dans des raisonnements pourtant élémentaires. Et le champ d'action se révèle rapidement dérisoire. Citons cette militante qui a entrepris de faire payer à l'État l'amende infligée à Viola Desmond, cette Canadienne qui, en 1946, est passée à l'histoire pour s'être assise dans les rangées d'un cinéma interdites aux Noirs en raison de lois ségrégationnistes[8]. Le Canada lui a offert des excuses publiques posthumes en 2010 et a émis un billet de banque à son effigie. Mais ce n'était pas suffisant. Lorsque cette militante a appris que Desmond avait refusé de payer l'infâme amende et que cette dernière était donc toujours pendante dans les annales de l'administration publique, elle a entrepris d'effacer elle-même l'ardoise, mais sans s'apercevoir qu'en procédant ainsi, elle contribuait à reconnaître le bien-fondé

---

7 Mélikah Abdelmoumen, *Baldwin, Styron et moi,* Montréal, Mémoire d'encrier, coll. « Essai », 2022 ; Azdouz, *Panser le passé, penser l'avenir, op. cit.* ; Rodney Saint-Éloi et Yara El-Ghadban, *Les racistes n'ont jamais vu la mer,* Montréal, Mémoire d'encrier, coll. « Récit », 2021 ; et Simon Kuper, « Entre "woke" et "anti-woke", une troisième voie est possible », *Courrier international,* n° 1623, 13 décembre 2021, p. 38 [« Yes, There Is a Third Way on "Wokeness" », *Financial Times,* 25 novembre 2021].

8 La Presse canadienne, « La Nouvelle-Écosse paie l'amende imposée à Viola Desmond en 1946 », ICI Nouvelle-Écosse, 4 février 2021.

de ce constat d'infraction ! Un aberrant rapport à la loi se déclare ici, comme si cette contravention, une fois émise, *devait* être payée. Nulle conception élémentaire de la désobéissance civile, même lorsque son champ d'application fait l'unanimité ! Il aurait été moins saugrenu de célébrer ce compte en souffrance comme le fait d'un acte de courage continuant de gagner en notabilité à force de croître au rythme des intérêts, ou sinon d'exiger son annulation de la part des autorités l'ayant émise… Ou mieux encore, de se taire pour vaquer à de plus importantes occupations politiques. Car nous voilà ensuite collectivement embourbés dans ce sentimentalisme sitôt que les grands médias s'en emparent. Non, pour cette militante carburant exclusivement aux bons sentiments, puisqu'elle existait, il fallait absolument payer cette amende, empilant de la folie sur de la folie.

On retrouve là tous les éléments d'une culture politique qui s'est vautrée dans la symbolique et les images au point d'en faire une fin plutôt que des moyens. Ainsi en va-t-il d'initiatives telles que déboulonner des statues de John A. Macdonald et fonder des monuments commémoratifs marquant les sévices subis par les peuples d'origine[9]. Cette approche manque cruellement d'envergure. On s'en tient sinon à d'inconséquentes

---

9 Stéphane Baillargeon, « Le mythe du bon Québec », *Le Devoir,* 4 juin 2021.

déclarations sur des territoires « non cédés », qu'on n'entend jamais restituer[10]... Ce pays dont se sont inspirés les architectes sud-africains de l'Apartheid en cherchant à ségréguer les Noirs, et que le Québec souhaitait disloquer il y a encore deux générations, reste dans son essence un rejeton du capitalisme et de l'impérialisme d'inspiration britannique. On relègue ce constat au statut d'impensé dans un contexte où des fétiches font seuls l'objet de luttes politiques.

Poussée à son terme, et à une échelle institutionnelle, cette logique est appelée à dégénérer comme ce fut le cas en 2017 sur le campus de l'université Evergreen dans l'État de Washington. La raison pure antiraciste y a acquis un tel ascendant sur les esprits que la direction, le personnel administratif et le corps professoral se sont tous laissé dominer par le postulat totalisant, celui d'un racisme de tous les instants, de la réduction de tout comportement des « Blancs » à du racisme : gesticuler lorsqu'on parle, garder le silence, s'en référer à la rationalité des Lumières... Dans la crise qui a tourmenté cette université, les Blancs devenaient ontologiquement privilégiés, mais absolument incapables d'en prendre le moindrement conscience. Qu'arrive-t-il lorsque ce postulat de l'inconscience de la domination dérape au point de permettre d'asséner

---

10 Gabriel Arsenault, « Vive les territoires non cédés ? », *La Presse*, 27 octobre 2021.

qu'être blanc, c'est être raciste à tous les instants de sa vie ? Là, explicitement, toute accusation, quel que soit le contexte, reste sans appel. La révolte a explosé sur le campus le jour où des militants ont convaincu l'administration bonasse de l'université Evergreen d'exiger des Blancs qu'ils ne se présentent pas sur le campus pendant vingt-quatre heures, pour faire de l'université entière ce jour-là un espace sécurisé (*safe space*) à l'avantage des Noirs. Un des professeurs, Bret Weinstein, trouvant insupportable ce type de ségrégation et expliquant son désaveu notamment par le fait qu'il est juif, a refusé d'obtempérer, ce qui a mis le campus sens dessus dessous. Les policiers municipaux ont informé l'intéressé que sa vie était désormais en danger : au nom du « racisme » dont il faisait preuve, on étudiait ses itinéraires types dans la ville, investissait ses classes, le cernait de manière inquiétante dans les couloirs et le chahutait à la moindre occasion. Toute tentative d'expression de sa part était perçue comme discriminatoire et toute démarche de la part des services de sécurité de le tirer de ces guets-apens étaient repris illico dans les récits de brutalité policière envers les Noirs.

Sur cette histoire, deux productions artisanales se disputent le sujet en ligne. La première, ouvertement de droite, fait très peu de cas du racisme comme fait social et tend à suggérer qu'il n'y a de racisme que dans les affabulations de groupes « radicalisés », tandis que la seconde consiste en une réplique sociétale par laquelle un animateur commente ce film documentaire en marquant des arrêts, et en se laissant interrompre par tous ceux qui lui écrivent ce soir-là[11]. Dans ce dernier cas, le socle identitaire est restitué dans sa pleine autorité : s'il concède au professeur Weinstein de trouver contestables les accusations de racisme qu'il subit, c'est strictement sur la base de sa judaïté. Oui, il est blanc, mais comme il est aussi juif, il devient difficile de le soupçonner d'être raciste comme les autres Blancs à tous les instants. À une oreille française, pour qui les têtes d'affiche de l'extrême droite sont et une femme et un juif, ces catégories intersectionnelles n'ont rien d'une évidence. Dans toute cette confusion, un chiasme idéologique troublant opère : pour soutenir sa thèse, le réactionnaire cite la notion de *panopticon* chère à Michel Foucault, pourtant héraut de ses opposants, et le progressiste radical s'en remet à l'identité raciale pour fonder ses discours et positions.

C'est dans le fossé énorme séparant ces deux théories que s'ouvre un puissant appel d'air pour une pensée nuancée. La raison pure dégénère ici en une illusion d'avoir purement raison, au point de ne plus raisonner du tout.

---

11 Voir notamment le documentaire de droite de Sanglier sympa, « Evergreen et les dérives du progressisme », *YouTube,* 8 juillet 2019 ; ainsi que la réplique qu'on lui fait, « Krayn réagit à la vidéo "polémique" de Sanglier sympa », *YouTube,* 7 septembre 2020.

Le *senti* maître

« EN TANT QUE PERSONNE NOIRE, j'ai été heurté, éprouvé du stress et été contrarié par cet échange entre deux personnes caucasiennes n'ayant pas de considération de la charge accompagnant l'usage du mot employé. » Dans une langue juridique qui suggère la notion de dommage, l'artiste Ricardo Lamour évoque auprès de l'ombudsman de Radio-Canada un motif psychologique pour dénoncer une émission de la radio publique où « l'usage du mot "nègre" ou "*niggers*" » s'est trouvé utilisé « par une personne caucasienne[1] ».

Le siège revendiqué de ce raisonnement se situe clairement sur le plan des affects. Ce que j'éprouve, mon pathos, fait force de loi. En termes spinozistes, il s'agit du « premier type de connaissance », soit le mode de rapport le plus élémentaire avec un objet extérieur à soi, l'affect donnant lieu sans transition à de l'opinion.

1 Ombudsman de Radio-Canada, « Ce mot dans la bouche d'un Blanc est-il une grenade ? (Le 15-18) », révision d'une plainte, Radio-Canada, 26 octobre 2020.

Telle personne sujette au racisme a pu se faire insulter au point d'associer un mot à de profondes blessures – c'est le premier type de connaissance. Celui-ci ne saurait cependant saturer de sens la réalité. Ne pas accéder à un autre plan, celui de la connaissance des causes objectives et de la culture, c'est souffrir de son inculture. Et cela ne peut pas être désormais imposé comme une norme pour autrui. Si le premier type de connaissance permet d'accéder à un plan spontané de la conscience, en situation de plafonnement, il génère un rapport inadéquat aux choses. Le morphème que l'on coupe du sens de son énonciation produit un désagrément qui s'assimile à lui. Le simple mot devient alors consubstantiel au désagrément qu'il entraîne.

Ensuite, lorsqu'on table sur le senti, celui-ci ne permet pas seulement de faire porter à l'objet une charge émotive qui lui est étrangère, par exemple lorsque le mot « nègre » n'est pas du tout cité sur le ton de l'insolence, mais il autorise aussi à falsifier la réalité factuelle. Ainsi, à propos de cette émission, Ricardo Lamour campant sur cette charge émotive prétend qu'un intervenant « prononce le mot "nègre" à répétition, sans se soucier de l'impact de ce dernier pour les personnes noires écoutant l'émission ». Radio-Canada n'aura aucune difficulté à réfuter chaque élément de cette accusation : le terme a été utilisé pour annoncer le thème d'un segment, en le présentant d'emblée comme un mot chargé, avant qu'il soit évoqué trois fois en rapport avec le livre de Pierre Vallières, *Nègres blancs d'Amérique*, dont une fois en anglais pour marquer la charge spécifique qu'a ledit mot lorsque le livre et son titre se trouvent traduits dans cette langue. Il n'y a là aucune intention malveillante.

Enfin, de cet amalgame entre le sentiment et le signifiant qui lui est étranger découlent des conséquences pratiques, des revendications, des impératifs même. Ricardo Lamour exige que toute prononciation du mot appelle la présence de « damnés de la Terre » pour le commenter. L'auteur cite alors un livre de Frantz Fanon et n'a en tête que les peuples noirs comme signifiés du syntagme[2], et non pas l'incipit du chant *L'Internationale* ni la mouvance marxiste du négrisme incarné par Senghor[3], auquel Fanon ne manque pourtant pas de faire allusion, en associant, lui, ces Noirs à la grande histoire de l'émancipation des peuples. On chercherait en vain une telle ambition émancipatrice chez Lamour, pour qui seul le socle identitaire fait autorité.

Face à l'épreuve, la raison peut abdiquer. Le seul point argumentatif qui reste est d'ordre quantitatif : nous sommes plusieurs à éprouver les choses ainsi ;

---

2 Frantz Fanon, *Les damnés de la terre*, Paris, La Découverte, coll. « Poche », 2004 [1961].

3 Pierre Biarnès, « Négritude et marxisme », *Le Monde*, 28 avril 1971.

cette situation « est une véritable source de malaise pour plusieurs personnes noires ».

Fondamentalement ne sont pas à l'œuvre ici une quelconque tentative de censure ou une manifestation de la culture du bannissement – ces épiphénomènes – mais une abdication de la raison. Ouvertement et sans gêne, penser n'est plus un critère.

Il ne s'agit pas seulement d'un cas isolé. En juillet 2020, une professeure de l'université anglophone Concordia, à Montréal, a dû s'excuser pour avoir prononcé le « *N. word* », le mot « nègre » : elle avait elle aussi eu l'odieux de citer en classe ce désormais innommable *Nègres blancs d'Amérique* de Pierre Vallières. Visée par une pétition d'étudiants, la coupable a publiquement admis avoir abusé du « pouvoir » que lui confèrent ses « privilèges » de Blanche et d'enseignante.

Ce même été 2020, une journaliste de la télévision publique, Wendy Mesley, a été suspendue pour avoir mentionné ce même livre non pas en ondes, mais lors d'une réunion de production. L'information a fuité. Elle a été poussée à la démission un an plus tard[4].

Ce sont là des victimes de formes d'ignorance érigées en système. Comme Frantz Fanon, Vallières entendait fédérer et associer les mouvements d'éman-

---

4 Isabelle Hachey, « Quand la conteuse d'histoires devient l'histoire », *La Presse*, 8 juillet 2021 ; et Jean-François Nadeau, « L'espoir », *Le Devoir*, 28 septembre 2020.

cipation dans le monde, plutôt que de les distinguer. C'était même à l'époque un lieu commun, un réflexe. Au moment de sa parution en 1968, l'ouvrage incriminé se contentait d'associer par la voie de la métaphore les mouvements d'émancipation des Noirs aux États-Unis et des Québécois au Canada. En 1966, Vallières s'était rendu à New York pour y rencontrer les Black Panthers. Il l'a raconté à des détenus de la prison de Bordeaux en 1990, lorsqu'il leur a rendu visite dans le cadre de l'émission de radio que Mohamed Lotfi les invitait à animer. Il a baptisé son livre comme il l'a fait quand il a vu dans le regard de ses interlocuteurs afro-américains leur approbation. L'expression tissait entre eux et lui un lien de solidarité.

> [Le choix du titre du livre] m'est venu à New York en 1966. J'étais à New York pour faire des liens avec des mouvements progressistes américains et entre autres les mouvements noirs américains. En 1966, aux États-Unis, le Québec était quelque chose de complètement inconnu ; on ne savait pas qu'est-ce que c'était ça. Des francophones en Amérique du Nord... Ça avait l'air incongru. [...] Alors beaucoup de difficulté pour expliquer quelle était la condition des Québécois francophones au Canada et la différence entre un Québécois francophone et un Canadien anglais. À force de parler à des Noirs, l'expression m'est venue qu'on était des *White Niggers*. Je me suis aperçu qu'ils avaient commencé à

> comprendre quelque chose à la réalité québécoise. C'est là que j'ai gardé le titre, après. J'ai écrit le livre aussi à New York, en prison à New York[5].

C'est d'ailleurs dans cette cellule qu'il a reçu un télégramme de solidarité de la part de Stokely Carmichael du Student Nonviolent Coordinating Committee (SNCC), alors une des principales composantes du mouvement afro-américain des droits civiques : « Nous refusons de nous laisser diviser par des mensonges malicieux avec nos frères au sein du FLQ. Nous vous soutenons dans votre procès. Vos expériences ne sont pas différentes de celles de vrais patriotes en tous lieux et dès lors qu'il est question de résister contre la tyrannie[6]. »

Il ne fallait pas beaucoup d'intuition, de toute façon, pour imaginer possible un tel rapprochement. S'en chargeaient déjà les allusions avilissantes envers les Québécois qu'on entendait à cette époque au Canada. Se souvient-on de cette bonne blague : « Pourquoi les Américains ont-ils les Noirs et les Canadiens les Québécois ? Parce que les Américains

---

5 Pierre Vallières, « Mémorable », *Souverains anonymes,* 15 juin 1990.

6 « *We refuse to be divided from our brothers in the FLQ by malicious lies. We support you in your trial. Your experiences are no different from those of true patriots everywhere and at any time who resist against tyranny* », cité dans Nicholas M. Regush, *Pierre Vallieres: The Revolutionary Process in Quebec,* New York, Dial Press, 1973, p. 5.

ont eu le premier choix»... ? Il est des tavernes en Ontario où on se tapait sur les cuisses en se la racontant[7]. On retrouve aussi la trace de l'assimilation entre Noirs américains et Québécois dans l'expression québécoise «Ti-Coune», qui provient de *coon,* un terme dénigrant pour désigner les Noirs américains.

Depuis, la machine herméneutique s'est emballée dans un tout autre sens. Le passant à la moulinette des idées reçues et des jugements préfabriqués, aucun effort n'a été ménagé pour présenter Pierre Vallières comme un auteur raciste, ne souffrant pas, jusque dans le titre de son livre, d'être de quelque manière, lui, un Blanc, comparé à un Noir. Que d'imagination dans l'exégèse pour arriver à ses fins ! On peut certes critiquer le rendez-vous manqué avec l'histoire de Vallières, lui qui dénonce un Québec ostracisé alors que se développe la culture du bungalow, ou le misérabilisme moral dont le livre témoigne, ainsi que ses accents parfois misogynes[8], mais cela n'autorise pas tous les dérapages...

Il faut n'avoir pas lu honnêtement le livre de Vallières et ignorer des pans entiers de l'histoire

---

7 Sur le racisme canadien anglais envers les Canadiens-Français, Peter H. Russell, «The Provincialization of French Canada», dans *Canada's Odyssey: A Country Based on Incomplete Conquests,* Toronto, University of Toronto Press, 2017, p. 211-244.

8 Pierre Vallières, *Nègres blancs d'Amérique. Autobiographie précoce d'un «terroriste» québécois,* Montréal, Parti pris, 1968, p. 81-82.

nord-américaine pour trouver un sens à ces dénonciations reposant sur le senti. Et ignorer l'histoire même de cette notion. Car le senti en politique n'est en rien garant d'une authenticité profonde. Il répond au contraire à une série de codes bien souvent éculés se posant comme l'instrument par lequel des puissants manient les foules.

Une histoire bien sentie

L'érudit journaliste de *Mediapart* Antoine Perraud rappelle les jalons de cette histoire dans un passé pas si lointain, et droitier. C'est aussi par le senti et l'antirationalisme sévissant à l'ère cathodique, dans les dernières décennies du XXe siècle, qu'est revenu en force le courant d'extrême droite nous débordant aujourd'hui. Témoin en 1984 le passage inaugural en France du tribun raciste Jean-Marie Le Pen à une émission d'affaires publiques de grande écoute. La rationalité ne peut rien contre les effets de toge du rhéteur. Au contraire, il en use comme d'un frein au fantasme d'une union populaire de type nationaliste, ce qui lui permet de faire mal paraître tout acteur cherchant à fonder un discours.

> Plus le politicien démagogue et raciste est ramené aux faits, plus il s'échappe dans un ressenti cataclysmique et fantasmagorique, qu'il cherche à transmettre aux téléspectateurs; à défaut d'y entraîner le journaliste de

> rencontre. Celui-ci devient un empêcheur d'éprouver en rond avec ses questions cartésiennes, sèches et cérébrales, qui parasitent la communion tripale sous l'égide du chef hissé, en direct, sur le pavois cathodique. Ce qui relève de la qualité professionnelle du détenteur de la carte de presse – le recul critique, la circonspection de bon aloi, l'ironie de celui à qui on ne la fait pas – devient une circonstance aggravante aux yeux de ceux que subjugue le show télévisuel. De quel droit cet examinateur casse-t-il le charme ? Pour qui se prend-il ? Va-t-il enfin cesser de scier à la base cette jouissance montante d'une foule qui fait masse et puissance en fédérant chacun derrière son petit écran ? Pourquoi toutes ces questions aussi frustrantes qu'un *coitus interruptus* ? Voilà ce que parvient à induire Jean-Marie Le Pen, qui détourne la télévision à son profit. [...] Faire trébucher le démagogue, c'est rendre l'intelligence encore plus louche, sujette à caution, humiliante. Face aux bobards bien de chez nous, la raison devient un instrument de domination aux mains de sachants chargés de domestiquer le peuple[9].

Stéphanie Roza va pour sa part aux racines de discours sur le primat du senti, et rappelle que les militants contemporains aux prétentions révolutionnaires doivent en réalité essentiellement au romantisme de

9 Antoine Perraud, « Aux origines de notre cauchemar politique : l'effet Le Pen en 1984 », *Mediapart*, 4 novembre 2021.

la résistance conservatrice contre la modernité, aux XVIIIe et XIXe siècles. C'est de là que provient en politique le parti pris de l'intuition contre la réflexion. Roza s'inquiète aussi du peu de limites que se donnent elles-mêmes les personnes engagées dans des luttes moralistes, le *senti* et l'*identité* devant l'emporter sur quelque considération contraignante[10]. Ainsi se pique-t-on de militer dans la radicalité sociétale en reprenant, qui des arguments ultralibéraux appartenant à l'idéologie en vogue en Occident, qui des thèses ultraconservatrices opposées aux militants des Lumières, qui des méandres éculés du romantisme irrationnel et du traditionalisme figé ayant fait le lit des nationalismes du XXe siècle.

Bien que les motivations entre la gauche identitaire et la droite raciste soient hétérogènes, cette abdication gauchisante devant la raison au profit de la vérité du senti dépend des mêmes ressorts. À terme, le senti justifie tout et conduit à la violence. Le cas de la professeure à forfait saisonnier Verushka Lieutenant-Duval est éloquent. Accusée par des étudiantes et étudiants suivant un de ses cours à l'Université d'Ottawa, à l'automne 2020, d'avoir utilisé le mot « nègre », fût-ce respectueusement, dans le contexte strictement descriptif d'un phénomène social aux États-Unis, une

10 Stéphanie Roza, *La gauche contre les Lumières ?*, Paris, Fayard, coll. « Raison de plus », 2020.

cabale s'est ensuivie contre elle auprès des hautes instances de l'Université. Il ne fallait pas seulement qu'elle présente des excuses – ce qu'elle avait tôt fait d'exprimer, consternant plusieurs de ses collègues –, mais qu'on la licencie une fois pour toutes et la bannisse à tout jamais de l'université. On s'est tout permis à son égard, jusqu'à la divulgation de son numéro de téléphone et de son adresse personnelle[11], dans ce qui se présentait en termes à peine voilés comme une incitation à la haine. Des collègues ayant eu l'odieux de soutenir la chargée de cours ont dû subir la même vindicte. Le philosophe Charles Le Blanc, par exemple, a fait face à ces menaces sur les médias sociaux : retrait et suppression de tous les livres qu'il a écrits et annulation de son doctorat[12].

La position des étudiants : quiconque est blanc n'a pas le droit de prononcer le mot « nègre », quelles que soient les circonstances. Ce mot, en fait, pas même le mot, ce son, ce simple phonème, blesse, nul n'est censé ignorer cette offense ; ces choses n'ont même plus à être expliquées.

---

11 William Grondin, « Perspective et débat sur l'utilisation du "mot en n". Du signifié à l'in-signifiant », *L'Esprit libre*, 22 janvier 2021.

12 Entretien de Charles Le Blanc accordée à Sophie Durocher, *On n'est pas obligé d'être d'accord*, QUB Radio, 28 octobre 2020. Lire aussi Anne Gilbert, Maxime Prévost et Geneviève Tellier (dir.), *Libertés malmenées. Chronique d'une année trouble à l'Université d'Ottawa*, Montréal, Leméac, 2022.

Chez les Grecs, le *logos* désigne autant la langue que la pensée elle-même. Or, par l'usage que nos contemporains font des termes et des arguments, soit de simples instruments de lutte, mobilisés dans des polémiques qui tournent presque à la guerre civile, la langue se trouve conçue comme réformable à merci, plastique au point d'épouser simultanément toutes les causes circonstancielles qui en font un simple outil. Comme si en elle aucune mémoire ni aucune force autonome ne devait résister. Ainsi appauvrie, elle sert tous les passages à l'acte. Cela nous fait regretter un état minimal de transcendance selon lequel un principe de raison s'érigeait au-delà de notre faculté à voir et à dire spontanément, auquel il convenait à tout moment de chercher à ajuster son discours.

La médiété

À COURT DE NOTIONS COMMUNES, le fondement de la politique repose désormais sur l'émotion intense qu'éprouvent par secousses les écorchés vifs que nous sommes devenus, dans la déréliction des formes référentielles d'échange et de délibération.

Chez les progressistes, le senti se manifeste à l'occasion d'une lecture, d'une phrase, voire d'une image, d'un symbole ou d'un mot qui générera des affects dont on se dira victime. Se *sentir* attaqué ou méprisé devient alors suffisant pour engager une affirmation, une action, une représentation à prétention politique. Chez les conservateurs et les xénophobes, le senti se manifestera de manière tout aussi impérieuse : la nationalité, l'appartenance à une civilisation, le lien à un patrimoine ancien sera vécu à la manière d'une évidence qui justifiera toutes les agressions contre les *autres* qui n'en sont pas. Là, les dérapages verbaux et la mythification historique foisonnent pour donner *a posteriori* au senti un semblant de justification. À l'extrême centre, le senti se revendique sous la forme de la santé mentale présumée, de la normalité, du sens commun.

Le « bon sens », c'est le sentiment que notre façon de penser et d'agir campe du côté de l'exactitude moins par le fait d'une analyse que par l'impression qu'on éprouve d'être simplement là où *il le faut*. Des expressions tautologiques surabondent pour verrouiller la position, telles que « C'est comme ça » ou « C'est ça qui est ça ».

La sensation vive que produisent sur soi des situations sociales est pourtant loin d'être un socle valable pour fonder une éthique et une politique. Pour asseoir une conception féconde de l'organisation sociale, cette relation à la sensation représente plutôt le moment historique d'une régression. Car elle présuppose un monde où la raison est subordonnée au pathos, ce qui est contraire au fondement élémentaire de l'éthique.

L'éthique d'Aristote cherche à nous éloigner de cet écueil[1] : la fin supérieure de toutes nos actions, garante du bonheur, consiste en la conduite d'activités conformes à la vertu. Pour y parvenir, il importe de connaître ce qui est vertueux. L'éthique consiste à aiguiser ses comportements en fonction d'un principe de pondération, autant par l'apprentissage rationnel que par la mise en pratique, ce qu'est l'habitude. Pourquoi ? C'est qu'on n'observe aucune opposition diamétrale entre ce qu'on appelle une vertu et ce qu'on tient pour un vice. Toute vertu peut en elle-même périr ou bien

1 Aristote, *Éthique à Nicomaque*, Paris, Vrin, coll. « Bibliothèque des livres philosophiques », 1990 [IVe siècle av. J.-C.], livre II, § 5, 1106b27.

par défaut, ou bien par excès. En ce qui concerne les affects, par exemple, trop subir de peines, tout comme en éprouver trop peu, mène au déséquilibre. La vertu consiste donc, enseigne Aristote, en la recherche d'un juste calibrage du rapport qu'on entretient aux plaisirs et aux peines. Chercher un juste équilibre, ne point trop donner dans les plaisirs superficiels (connaître la pondération, la tempérance, la modération), mais ne point trop les redouter (ne pas s'assécher).

L'approche se complexifie dès lors que l'on comprend devoir juger du caractère vertueux ou vil d'une action non pas tant par elle-même ou dans son rapport à la peine, mais eu égard à la pertinence des fins. Pour quoi se mobilise-t-on comme on le fait ?

Ainsi, si être capable de courage est une vertu quant à des fins sensées (cas d'assistance à personne en danger), trop en manquer nous rend pusillanimes et lâches, trop en faire preuve nous rend téméraires ou, lorsque les fins sont futiles, fait de nous des têtes brûlées. L'exercice physique insuffisamment pratiqué, par exemple, mène à l'atrophie, tandis que si l'on excède ses forces dans les performances de gymnaste, on risque au contraire de se détruire. Faire preuve de trop peu de vertu mène à quelque chose qui se corrompt au point de devoir porter un autre nom. L'obésité morbide peut en certaines circonstances être le nom valant pour une trop grande absence d'entrain, et le vieillissement prématuré des tissus et des muscles, faisant d'athlètes professionnels des Quasimodo, le synonyme d'un excès. « Ainsi, dans la crainte, l'audace, l'appétit, la colère, la pitié et en général dans tout sentiment de plaisir et de peine, on rencontre du trop et du trop peu, lesquels ne sont bons ni l'un, ni l'autre ; au contraire, ressentir ces émotions au moment opportun, dans les cas ou à l'égard des personnes qui conviennent, pour les raisons et de la façon qu'il faut, c'est à la fois moyen et excellence, caractère qui appartient précisément à la vertu[2]. »

La médiété vaut également dans le domaine des idées : être incapable de sensibilité quant aux enjeux racistes, par exemple, consiste à pécher par défaut ; ne plus voir qu'eux en toutes circonstances nous fait pâtir par excès.

L'éthique aristotélicienne ne se contente pas de ces rudiments. Ceux-ci, une fois rappelés, ouvrent sur une définition de la vertu en tant qu'elle porte d'abord sur la fameuse question du senti si chère à notre époque. Faire preuve d'éthique, pour Aristote, ce n'est surtout pas céder au senti, et encore moins l'ériger au stade d'une autorité face à laquelle tous devraient se reconnaître sans appel, mais au contraire apprendre en soi à traiter le senti.

La vertu a trait plutôt à des capacités de l'âme se comptant au nombre de trois : la production d'affections (pathos), la faculté de les éprouver et la

---

2 *Ibid.*, livre II, § 5, 1106^{b}16-23.

disposition qu'on a à composer avec elles. Cette simple taxinomie nous permet sur-le-champ d'identifier le siège de l'éthique, à savoir la troisième aptitude. Les passions sont consubstantielles à l'agir social et politique, du moment qu'on cherche à en comprendre la *raison.* D'où vient-il que j'éprouve ce malaise, cette colère ou ce sentiment d'espoir ? L'éthique s'amorce dans l'explication d'un rapport qui trouve sa source précisément dans l'émotion, mais qui exige le concours de la raison.

En cela cette philosophie se distingue-t-elle de notre propension contemporaine à éprouver des affects sur le mode d'une vérité ultime ; le rapport à l'affect s'en trouve inversé. Face à certaines évocations, attitudes, paroles, termes, souvenirs historiques, images, références – et ce, dans des contextes publics tels que les médias, l'école, les réunions professionnelles, les discussions en société –, l'émotion négative, le malaise, le senti, tout cela s'impose pour nous aujourd'hui comme ce au nom de quoi des attitudes deviennent possibles : radiation de mots, accusations publiques, mises à l'index de références, anathèmes... Ces manifestations sont sans appel et le débat est clos d'emblée puisqu'il repose sur ce qu'Aristote reconnaissait comme le pathos, soit un ensemble varié et foisonnant de sentiments pouvant aller de la colère à l'embarras en passant par le malaise et la vexation.

Or, pour Aristote, c'est gravement se tromper que d'identifier là le moment de l'agir éthique. La vertu ne va pas de pair avec le pathos ni avec notre faculté de l'éprouver, mais concerne notre façon de composer avec lui. « Par exemple, pour la colère, si nous l'éprouvons ou violemment ou nonchalamment, notre comportement est mauvais, tandis qu'il est bon si nous l'éprouvons avec mesure, et ainsi de suite pour les autres affections. [...] Nous ressentons la colère ou la crainte indépendamment de tout choix délibéré, alors que les vertus sont certaines façons de choisir, ou tout au moins ne vont pas sans un choix réfléchi[3]. »

Ainsi, dans ce texte fondateur de la discipline de l'éthique, le senti, le pathos n'est en rien une source d'autorité, il est plutôt ce sur quoi l'autorité s'exerce, et ce, par un acte réfléchi. Une pensée de la pondération, qui n'exclut surtout pas les enjeux collectifs, prévaut.

Prendre ces considérations au sérieux comporte une grande part d'exigence. Loin de se prêter à des théories définitives et abstraites, une telle éthique suppose fatalement une position d'incompétence. L'éthique ne promeut aucun savoir prédéfini et définitif comme en arithmétique, un savoir qu'il suffirait d'appliquer en le plaquant sur des situations. « On doit donc se contenter, en traitant de pareils sujets et partant de pareils principes, de montrer la vérité d'une façon grossière et approchée[4]. » Et ces insuffisances caractéristiques

---

3 *Ibid.*, livre II, § 4.
4 *Ibid.*, livre I, § 2, 1094^{b}20.

de la discipline représentent hélas de vastes occasions d'abus. Parce que ce juste milieu est difficile à statuer en dernière instance, parce qu'on peut toujours douter de soi-même, parce qu'aucune unité de mesure ne nous permet d'établir un positionnement avec justesse, des sujets ayant horreur du vide et se montrant résolument sûrs de leur bon droit peuvent à tout instant combler l'espace vacant d'un discours strident et tapageur. Aristote le prévoyait : qui « n'a aucune expérience des choses de la vie » et se trouve « enclin à suivre ses passions » – lire *son senti* – « ne retirera de cette étude rien d'utile ni de profitable ». Car « pour des étourdis de cette sorte, la connaissance ne sert à rien, pas plus que pour les intempérants[5] ».

Ce n'est pas excessif de dire de Pierre Bayard, psychanalyste et homme de lettres contemporain, qu'il situe sa réflexion sur le thème du « délire » dans ce type d'équivoque. Dans le champ de l'incertitude sur ce qui relève objectivement et incontestablement du vrai, l'ouverture est donnée à une interprétation souveraine, capable de créer du sens à partir d'éléments prélevés à titre d'indices, au détriment d'autres qui se trouvent alors discriminés. Il suffit, dans un tel contexte, qu'on se soit fait d'abord et avant tout une idée de ce qui vaut au titre de la vérité, qu'on l'assume avec une intensité psychique certaine, puis qu'on développe pour l'étayer une

5 *Ibid.*, livre I, § 2, 1095a lignes 1 à 10.

argumentation répondant aux règles élémentaires de la logique, pour que l'activité délirante prenne son essor[6]. Les discours engagés dans la voie du délire se reconnaissent (parfois difficilement) au fait d'être « moins motivés par la nécessité de décrire ou de comprendre les faits qu'orientés subtilement par la solution ultime que l'auteur du délire a posée comme préalable[7] ». Tout le processus logique articule les éléments, souvent avec une réelle force persuasive, de façon à atteindre cette fin discursive, dans un contexte où la fin justifie les moyens. Cette discrimination de tous les éléments qui nuisent à sa cause n'en est pas moins préoccupante que les autres discriminations, officielles, qu'on dénonce dans l'espace public.

Mais si on est, comme le décrit Aristote, de ceux « dont les désirs et les actes sont conformes à la raison[8] », plutôt qu'à l'impératif du senti – ce qui est beaucoup exiger des sujets –, plus que jamais en éthique faut-il procéder alors à un travail d'ajustement entre le vocabulaire abruptement proposé dans le champ de la théorie et les situations que cette théorie éthique dénote potentiellement. « À partir d'un certain moment, il faut

---

6 Pierre Bayard, « Qu'est-ce qu'un délire ? », dans *Qui a tué Roger Ackroyd ?*, Paris, Éditions de Minuit, coll. « Double », 2008 [1998], p. 114-124.

7 *Ibid.*, p. 119.

8 Aristote, *Éthique à Nicomaque*, *op. cit.*, livre I, § 2, 1095a lignes 10 à 11.

cesser de réclamer des précisions, il ne s'agit plus désormais que de comprendre avec ce qui est donné[9] », écrit Patrice Loraux dans un texte lumineux sur la philosophie d'Aristote. Il y décèle les charges aporétiques que comporte le style tout en contenance du philosophe et prévient son lecteur : il te faudra toujours travailler à ajuster Aristote aux réalités occurrentes que son texte ne comprend pas. En cela, se soumettre soi-même à l'examen de la raison, c'est se soupçonner toujours d'être plus ou moins sujet à son tour au délire.

Au contraire, la rhétorique et la pseudo-politique contemporaines, trouvant en le senti leur siège, concourent à rompre avec l'invitation à l'ajustement social qu'Aristote préconise. C'est que le senti rompt avec le social : il s'impose comme un système autoréférentiel où l'épreuve intime face à une situation devrait acquérir force de loi. C'est la raison pour laquelle les prétendues victimes de moments entraînant un senti malaisé font d'ordinaire peu de cas des intentions de celle, de celui ou de ceux qui ont suscité le malaise... Cela s'est vu dans des situations équivoques d'accusations de racisme : les dispositions et l'attitude de la personne qui pouvait enseigner tel texte jugé offensant ou prononcer tel mot soudainement frappé de censure ne comptaient pour absolument rien dans un cadre

---

9 Patrice Loraux, « La dernière précision », dans *Le tempo de la pensée*, Paris, Seuil, coll. « Librairie du XXe siècle », 1993.

où prévaut exclusivement la réaction que cela génère chez tel ou tel sujet. Et cela vaut pour le symptôme d'un profond dérèglement social, si on considère que cette réaction peut à son tour générer un malaise chez celui à qui on en impute la responsabilité, au nom du senti qui devient le sien et devrait pouvoir prétendre lui aussi à la légitimité. Bref, on ne s'en sort pas.

C'est ce sens de la mesure qui manque cruellement aux assertions appartenant à l'empire des émotions. Les frondes sont des slogans – par exemple « Ne pas blesser ! » – aussi secs que péremptoires. Et anti-intellectuels. Le critère est unique et sentencieux, il tient donc en quelques mots qui valent en toutes circonstances. Proférer une insulte en utilisant le terme « nègre » acquiert dès lors le même statut que si on cherche à lire en classe *Le vieux nègre et la médaille* de Ferdinand Oyono. Aucun discernement, donc. Chez les réactionnaires, le senti s'érige en loi sitôt qu'on se sent agressé, offensé ou dérangé par une orientation sexuelle, une tenue vestimentaire, une pratique cultuelle, des arts et discours qui ne conviennent pas au modèle qui nous est habituel et rigidement structurant. Ces sensations d'ordre psychique se transforment en fondement d'une haine qui finit par se dresser en étendard de mouvements politiques délirants.

Le régime psychique du senti conduit à réduire toute réalité sociale à sa dimension instrumentale, et à en user en fonction de causes absolutisées. Nous la tirons hors de ses gonds dans l'ipséité radicale de nos positions fermées. Pour Aristote, une responsabilité incombe à celui qui se dit «blessé» et qui érige son mal-être en loi – c'est de faire la part des choses entre le pathos primaire qu'il a pour faculté d'éprouver et la capacité qu'on a à disposer de ces affects en les mettant en perspective dans un agencement civique complexe.

Ce n'est pas trop attendre d'un sujet – reconnu à part entière comme libre et rationnel – qu'il agisse ainsi. C'est même là un acte de considération élémentaire.

Autrement dit, l'acte éthique consiste à sonder la raison de ses affects, au sens où le raisonnement qui est suscité appelle immédiatement la reconnaissance d'un domaine partagé, celui de l'intelligence humaine. Pourquoi éprouvé-je ce que j'identifie à mon senti, au-delà des seules contingences qui l'expliquent? Plus cette réflexion se développera dans une complexité de bon aloi, plus elle sera à même de s'arrimer à un espace social qui est certes fait de conflits, mais qui l'est en tant que domaine livré en partage. En cela, au senti s'oppose dans sa dimension sociale le sentiment. Ce dernier déjà s'articule sur le plan de la pensée plus que sur celui des affects primaires et s'accompagne d'une conception générale de la conjoncture sociale. Il se comprend comme un affect lié à l'idée qu'on se fait de quelque chose, de quelqu'un ou d'une communauté, en tant que cette idée est elle-même sujette collectivement à l'évolution et à l'étude.

Le « lore » sans « folk »

TROUVER un point intermédiaire. Le philosophe Jacques Rancière, d'une part, avance dans sa philosophie politique que le prolétariat est tenu d'user des quelques leviers institutionnels sur lesquels il a une prise, voire de les détourner, car il reconnaît en eux la seule façon qu'il a de manifester une parole sur des enjeux donnés en partage dans le champ de la politique. La ménagère, l'horticulteur, l'infirmière ou le postier, et au sein de ces corporations en particulier les femmes, les étrangers, les jeunes... sont difficilement en mesure de générer socialement des points d'énonciations subjectifs à partir desquels élaborer un discours. Le prolétariat dispose de peu de moyens propres pour développer sa *Weltanschauung* (sa conception du monde). Pour peser sur le cours historique des choses, tout est bon à prendre : un référendum sur la constitution européenne, une augmentation spectaculaire des prix de l'essence à la pompe, une remise en cause des politiques de retraite des cheminots. « Les pauvres eux-mêmes ne sont pas vraiment les pauvres. Ils sont seulement le règne de l'absence de qualité », c'est-à-dire qu'« ils n'ont pas droit à être comptés comme être parlants[1] ». Il en va de même, dans la perspective sociétale, d'événements ciblés : les premières allégations d'agressions sexuelles contre Harvey Weinstein, la mise en scène de chants d'esclaves noirs interprétés exclusivement par des Blancs, le passage d'un oléoduc sur des terres autochtones... Au-delà de leur pertinence propre et indéniable, ces dossiers sont aussi l'occasion de manifester une parole publique générale qui ne trouve pas de structure de subjectivation sinon pour s'énoncer d'elle-même. L'émancipation qui a cours à travers ces processus consiste à quitter un agencement des rôles et des fonctions sociales où chacun est casé, en pratique autant qu'en théorie.

On ne peut pas nier que c'est au coût d'actes militants agressifs qu'on fait progresser ces causes[2]. Les différents mouvements féministes et antiracistes ont dû passer par des chemins tortueux et arides pour faire entrer leurs causes là où on ne les attendait pas. Ainsi l'écoféminisme est-il une façon de faire entrer les femmes dans l'équation écologiste alors qu'on est censé ne traiter que de la question du climat, dans une

---

1 Jacques Rancière, *La mésentente. Politique et philosophie*, Paris, Galilée, coll. « La philosophie en effet », 1995, p. 33-34 et 49.

2 Rachida Azdouz, *Panser le passé, penser l'avenir. Racisme et antiracismes*, Montréal, Édito, 2021, p. 70.

analogie de la domination qui les présente à juste titre comme les premières victimes mondiales d'un problème du reste universel. Et, établissant la topographie du racisme dans *La nature est un champ de bataille*[3], Razmig Keucheyan a rappelé que les populations soumises aux discriminations raciales se trouvent confinées, logées et circonscrites sur les territoires sciemment pollués ou sujets aux désastres naturels. C'était pour souligner que les mouvements de résistance contre le racisme environnemental se sont constitués indépendamment des organisations écologistes traditionnelles, et souvent dans une complète indifférence de leur part, si ce n'est parfois même un déni actif de leur réalité systémique. La chose est d'autant moins visible que les modalités judiciaires pour résister au phénomène sont, dans leurs exigences institutionnelles, moins adaptées à la réalité sociale des groupes dominés qu'à celle des membres de la classe moyenne aisée, majoritairement blancs.

Si le principe émancipatoire consiste à toujours pouvoir créer des points de subjectivation s'affranchissant de représentations idéologiques figées, cela suppose toutefois que ne peut passer pour acte d'émancipation le fait d'assigner aux sujets politiques, fût-ce au nom d'une résistance, un titre racial ou sexué, tel qu'on le fait maintenant. Pour Rancière, le cri de

---

3 Razmig Keucheyan, *La nature est un champ de bataille. Essai d'écologie politique*, Paris, La Découverte, coll. « Poche », 2018 [2014].

ralliement emblématique de Mai 68, « Nous sommes tous des juifs allemands », chanté dans une manifestation dénonçant le refoulement outre-Rhin du leader Daniel Cohn-Bendit par des sujets qui n'étaient bien entendu ni juifs ni allemands pour la plupart, consistait en une façon libre de jouer sur les identités. Dans sa plasticité, la notion de peuple, en rien réductible aux données exactes de la démographie, se disait sur un mode esthétique. Affirmer ce qu'on n'est pas, et jouer ainsi des formes d'énonciation, se voulait une chance de se libérer de celles qui nous cantonnent absolument[4]. Il ne s'agit surtout pas de s'y croire, comme le feraient les esprits forts dans un registre existentialiste. Il s'agit d'en user pour arriver à créer des pôles d'énonciation polémiques permettant à des sujets assignés à leur place dans les règles du droit et dans l'ordre de la domination de s'en affranchir pour produire des propositions discursives singulières et nouvelles.

Sinon, si prévaut un régime humanitaire dans lequel nous serions tous invariablement des citoyens du monde aphones et plats amis du genre humain, on entre dans un « âge nihiliste » où la parole redevient formatée, et les places rigidement attitrées. « Il a été admis par les partisans du progrès comme par ceux de l'ordre, que seules sont légitimes les revendications de groupes réels qui prennent la parole en personne pour décliner

4 Rancière, *La mésentente, op. cit.*, p. 173.

eux-mêmes leur propre identité. Nul désormais n'a le droit de se dire prolétaire, noir, juif ou femme s'il ne l'est pas, s'il n'en a pas la qualité native et l'expérience sociale[5]. » Relevant désormais de l'humanisme des droits de la personne et d'un discours égalitaire tenant du droit fumeux promu par une vague « communauté internationale », voilà que les sujets n'existent plus qu'à travers leurs griefs. Enfermés dans leur positionnement, ils s'engouffrent également dans un fait de subjectivation qui les fait parler. « Je suis racisé » est une tournure passive bien étrange qui consiste à reconnaître qu'on se laisse dire par les formes instituées d'un régime, du « nom de la victime absolue qui suspend cette subjectivation[6] » plutôt que de la permettre. L'identité personnelle tend, alors, à se figer dans des attributs qui nous possèdent.

À l'encontre de ces dispositions d'esprit, W.T. Lhamon Jr. soutient, dans *Peaux blanches, masques noirs,* le principe d'un « lore » sans « folk », d'une culture populaire rattachée à aucune propriété établie, sonnant le glas du folklore et de la culture au sens d'une possession, et l'idée que les détenteurs de codes culturels puissent être lésés dans un acte d'« appropriation culturelle ». L'auteur en vient même à minimiser l'enjeu du *blackface.* Qui plus est, le simple fait de se grimer

---

5 *Ibid.*, p. 173.
6 *Ibid.*

le visage, par exemple pour jouer le personnage d'une pièce d'Eschyle lors d'une représentation à la Sorbonne, ne revient pas à soutenir les moqueries historiques du *blackface*. Ce texte s'intéresse au déplacement assumé des influences et des pratiques. Fait rare, Jacques Rancière a accepté d'en signer la préface :

> Entre les plantations du Sud américain et les villes commerçantes et industrielles du Nord, entre les chantiers du Nouveau Monde et les docks et ateliers de l'Ancien, entre les ouvriers des ports et les marins au long cours, entre les jeunes prolétaires fraîchement débarqués d'Angleterre et les Africains transportés sur les vaisseaux négriers, esclaves des cultivateurs du Sud ou nouveaux affranchis des quartiers populaires du Nord, mais aussi entre les farces des théâtres populaires anglais, le chant des oiseaux d'Afrique et le sifflement des locomotives... Le propre de ce lore est d'être le produit d'une multiplicité de circulations entre les lieux, les conditions, les races et les règnes[7].

Rancière commence en pointant les similitudes entre le discours des Lumières à la Jules Ferry – un discours raciste, qui consistait à présenter les Européens en

---

7 Jacques Rancière, « Préface », dans W.T. Lhamon Jr., *Peaux blanches, masques noirs. Performances du blackface, de Jim Crow au hip-hop*, Bruxelles, Zones sensibles, 2021 [1998].

tributaires du savoir universel, capables d'éduquer les peuples primitifs –, et l'histoire de l'oppression culturelle qui reprend exactement le même canevas : les dépositaires de la culture nous ont tantôt récupérés (Picasso), tantôt stigmatisés (l'art dit dégénéré). À ce même discours à deux têtes s'opposent, observe-t-il, les prétentions à la propriété culturelle : des groupes « sociaux, ethniques, sexuels ou autres » revendiquent des formes révélant l'identité et le propre des femmes, des Noirs, des pauvres... C'est en vertu de ce discours qu'on parle aujourd'hui de cette « appropriation » culturelle.

Un monde commun, d'emblée offert en partage, unit les sujets d'un temps, quelles qu'en soient les formes de départage. Il se déploie « entre » ces deux positions, lesquelles consistent tantôt à critiquer la domination, tantôt à revendiquer le propre de formes siennes. Pour une série de penseurs que Rancière cite, les corpus culturels des dominants et des dominés font d'emblée l'objet de « performances » et de « transactions complexes » qui leur font partager plusieurs éléments communs. C'est pour faire valoir ce patrimoine commun que Lhamon traite de « lore » directement, un patrimoine sans son lourd préfixe « folk- ». Le « lore » est sans communauté ou peuple, sans dominant ou dominé... il s'agit d'une source de la culture donnée en partage. L'équivalent du *fama* grec qui conçoit la fable et le pouvoir d'affabuler. « Cela veut dire aussi que ce propre est de circuler et de faire circuler les récits et les gestes, les images et les signes. Les faire circuler, cela veut dire non seulement leur faire connaître de nouveaux territoires, mais aussi les faire partager par des groupes qui peuvent en faire des usages inverses ou des usages pris eux-mêmes entre des pôles opposés[8]. »

Au cœur de ces transactions, il n'y va pas tant d'une appropriation au sens d'une possession qu'au sens d'une mise en circulation. À propos de la culture du *blackface*, « les ouvriers blancs qui paient pour voir des comédiens blancs noircis au charbon ne s'y trompent pas plus que les esclaves noirs dansant pour des anguilles. Il n'est pas question d'image, mais de gestes, pas question de possession, mais de transaction, d'échange et de circulation. Les gestes peuvent s'acheter et se vendre, mais non se posséder ». L'industrie culturelle qui fige cette pulsion d'imiter en des spectacles, déjà chère à Aristote, pose problème infiniment plus que le plaisir sain qu'on tire à se glisser dans la peau de l'autre, comme dit Robert Lepage. Si le jazz que les Blancs pratiquent aussi provient de la culture noire, cette musique n'a pas pour autant d'origine unique, elle est faite elle-même d'emprunts multiples, parfois aux maîtres.

---

8 *Ibid.*, p. 8.

« Blanc »

AUTOMNE 2021, un panel comme il s'en fait tant dans les colloques. Soudain, un intellectuel afrodescendant me reproche allusivement une phrase que j'ai dite à propos de mon livre *Noir Canada*. Il était globalement question des voix dites « subalternes » qui résistent à l'hégémonie. Au détour d'un raisonnement, je donnais à entendre l'écho de femmes qui font massivement des fausses couches au Mali, à cause de l'arsenic déversé négligemment par des sociétés minières dans les points d'eau potable. Nous devons cette information à la recherche entêtée qu'a faite la documentariste Camille de Vitry[1].

Or, « on en a assez d'entendre des Blancs parler à la place des autres », dois-je alors accuser. Et la diatribe se poursuit : « Les Blancs parlent toujours à la place de tout le monde. Regardez en Afghanistan, tout le monde pleure le sort de ces pauvres femmes voilées, mais quand est-ce qu'on leur donne la parole ? Quand est-ce

---

1 Camille de Vitry, *Le prix de l'or*, autodistribué, 2007, 52 min. ; et *L'or nègre*, Lyon, Tahin Party, 2009.

qu'on les laisse parler ? S'intéresse-t-on à elles vraiment ? » Il s'en fallait d'un pas pour qu'on me reproche de m'approprier la souffrance des autres afin de soigner ma carrière de sujet privilégié. Dans le contexte contemporain, c'était lourdement sous-entendu.

À nouveau, ce n'est pas tant le fondement du propos qui choque, que le manque de discernement dans son énonciation. L'impression qu'il tourne déjà comme un vieux disque. D'une part, oui, les Occidentaux se sont historiquement arrogé la place de l'universel et ont disposé d'un imparable accès mondialisé à la parole publique. D'autre part, également, voilà des semaines qu'on lit dans *Le Monde diplomatique, Courrier international* ou *Mediapart* des témoignages directs de femmes afghanes expliquant en quoi elles redoutent le retour des talibans au pouvoir. Cela n'est certes pas représentatif du journalisme en général – qui ne couvre plus rien du tout le plus souvent – mais ce n'est pas rien non plus. Ces exemples entament le reproche précité.

Poursuivons. Une telle intervention est insidieuse, parce qu'elle s'accompagne de mille et une insinuations : Vous prenez la place de ces femmes maliennes dont vous déplorez le sort de manière suspecte. Si vous vous taisiez, alors, par on ne sait quel effet de vases communicants, ce sont elles qu'on entendrait enfin. Effacez-vous donc pour faire place nette et laisser parler l'original... Or, il est notoire que ces femmes ne parlent pas, parlent très peu. Difficilement. Ce qu'elles vivent les rend honteuses. Il a fallu énormément de tact aux témoins de ce dont elles sont victimes pour obtenir ces renseignements. Partant, ne peut-on pas pudiquement indiquer ce qu'il en est de ce qu'elles subissent afin de dénoter la gravité de la situation, la violence systémique dont se montrent responsables l'opérateur AngloGold Ashanti et sa partenaire Iamgold sur le site, la négligence coupable du gouvernement canadien dans ce genre d'affaires, et ainsi de suite… ? Qui gagnerait à ce que, ce jour-là, je me taise sur ce sujet, parce qu'« on en a assez d'entendre des Blancs parler à la place des autres » ?

Approfondissons. Là où nous sommes, il ne s'agit plus de parler à la place de gens qu'on souffre soi-même un peu de voir souffrir beaucoup, mais à la sienne seule. Je parle à la place qui reste la mienne et où le discours d'autrui se fait absent, pour le faire entendre dans cet autre lieu que le sien. Là où son écho contribuera peut-être à modifier la structure impérialiste qui est à la source de ses maux. Aussi pour rompre avec un état de fait civilisationnel odieux : la honte est en cela un moteur de la philosophie, dixit Gilles Deleuze.

Il y a bien sûr quelque chose de scandaleux à constater la difficulté qu'ont certains sujets, par rapport à d'autres, à faire résonner leur voix. Je me souviens en effet du combat autour de *Noir Canada* quant aux pages centrales du livre : le rôle actif des sociétés minières torontoises dans la sanglante guerre civile des

Grands Lacs africains. Des Congolais manifestaient régulièrement au centre-ville de Montréal sur la question sans qu'aucun média n'en rende compte. Le livre, lui, faisait pourtant l'objet d'une saga judiciaire suivie par *Le Devoir* et *Le Monde* (mais dénoncée par *La Presse* et censurée par Radio-Canada). On en parlait dans plusieurs cercles. L'auteur blanc avait donc droit à une certaine couverture, les Congolais, eux, non. Mais le livre avait tout de même compté dans cette mobilisation. Et, à force de ténacité, des voix proprement africaines se sont finalement fait entendre sur le sujet, plus ou moins dans la foulée de la parution du livre : pensons au travail du politiste Patrick Mbeko[2] ou du romancier Blaise Ndala[3]. Ces éclosions ne vont-elles pas de pair ? Et est-ce problématique qu'à ces voix nouvelles et salutaires se soient ajoutées aussi celles de Martin Bellemare[4] et de Philippe Ducros[5], des artistes « blancs » vibrant aux enjeux mondiaux ? Simple « appropriation culturelle », alors ?

---

2 Patrick Mbeko, *Le Canada dans les guerres en Afrique centrale. Génocides et pillages des ressources minières du Congo par le Rwanda interposé*, Aix-en-Provence, Le Nègre éditeur, 2011.

3 Blaise Ndala, *Sans capote ni Kalachnikov*, Montréal, Mémoire d'encrier, 2017.

4 Martin Bellemare, *Cœur minéral. Ou Intérêts et contreparties : la pépite que nous sommes*, Montréal, Dramaturges Éditeurs, coll. « Théâtre », 2019.

5 Philippe Ducros, *La porte du non-retour. Déambulatoire théâtral et photographique*, Québec, L'instant même, coll. « L'instant scène », 2012.

Maintenant, si on se taisait sur ces points, ne nous reprocherait-on pas alors notre silence ? Ne deviendrait-il pas alors synonyme de complaisance, voire de complicité ? Ne serions-nous pas au moins taxés alors d'indifférence à des causes distantes de notre contrée nordique ? Ne déplorerait-on pas même qu'on n'use pas de nos avantages sociaux pour les retourner contre le régime qui nous les garantit ? Admettons maintenant qu'on se taise complètement, et refuse de se présenter dans ces forums, on entonnera alors sans doute le refrain de l'absence des intellectuels, de leur enfermement dans les tours d'ivoire universitaires, entre autres rengaines. Les contradictions internes et dialectiques de ce discours exclusivement centré sur les attributs du sujet, étant donné la complaisance par laquelle il s'exprime, donnent le tournis.

Ayant auparavant opiné là-dessus, on m'avait reproché d'être un « privilégié » qui ne peut pas comprendre de quoi il parle. Le mécréant que je suis se trahit en étalant son ignorance… Ce commentaire m'est parvenu au moment où, établissant une bibliographie, je me suis résigné à raturer la *Critique de la raison nègre* d'Achille Mbembe d'un cours d'introduction en philosophie que je m'apprêtais à donner. Pour m'éviter un tollé et en épargner un à mon institution. Qui y a gagné[6] ?

---

6 Hugo Pilon-Larose, « Une majorité de professeurs pratiquent l'autocensure », *La Presse+*, 29 septembre 2021.

Harold Searles voit en de telles accusations un « effort pour rendre l'autre fou[7] ». Elles placent celui qui en est l'objet dans une situation où, quoi qu'il fasse, il se découvrira fautif. Pis, on le fait sur des points qui touchent à son honneur : Tu te crois bon. Tu es fier de toi. Je vais m'efforcer de te montrer que ta belle âme ne vaut pas plus que tout ce que tu dénonces, et je vais t'enfoncer parmi les figures de l'adversité. En même temps, je vais tout faire pour que tu ne puisses pas quitter ta position énonciative, je vais continuellement t'y replacer. Je vais t'enjoindre de la tenir, je vais te cimenter là à ton point de vue, tout en présentant ce point de vue là comme étant le fait de faux-semblants et d'escroqueries. Alors, devant l'impossible, tu devras te démener, et je vais jouir du spectacle de ce *double bind*, de cette injonction paradoxale.

Pourquoi pas la solidarité ?

L'éthique quant à cela devrait trouver pour limite la référence du « colonisateur de gauche », soit la figure qu'Albert Memmi a dépeinte dans son *Portrait du colonisateur*. Ce seuil à ne pas dépasser porte précisément sur le dominant qui se présente à la place du dominé, le plus souvent chez lui directement, avec pour conviction – son complexe de supériorité opérant en

7 Harold Searles, *L'effort pour rendre l'autre fou*, Paris, Gallimard, coll. « Connaissance de l'inconscient », 1977.

ce sens – de détenir quelques certitudes sur la façon dont il peut s'émanciper. Ainsi, l'agent de la Banque mondiale qui débarque en Afrique de l'Ouest pour prodiguer une formation en « bonne gouvernance » auprès de hauts fonctionnaires[8], ou le marxiste d'antan expliquant en vérité les rudiments historiques du matérialisme dialectique et les vertus messianiques de l'organisation léniniste[9].

Mais en deçà de ce seuil, un Blanc, comme on dit, saura parler d'autrui sans nécessairement se prétendre à *leur place*. Certes, il peut être franchement outrecuidant pour un citoyen occidental, bénéficiant d'un confort matériel certain, de s'épancher en public à propos de la misère du monde, voire d'en faire une carrière lucrative. Mais n'est-il pas tout aussi abusif de réduire à cette position farfelue toute critique émise par un sujet défendant la justice sociale ? On ne saurait nier la dimension transversale des affects relativement à la souffrance. Les Congolais sont à l'évidence ceux qui souffrent absolument de l'histoire violente et injuste que leur font subir d'impérialistes États et des entreprises majoritairement occidentales. Il va sans dire. Il est légitime d'ajouter qu'à un titre ou à un autre,

---

8 Achille Mbembe, *De la postcolonie. Essai sur l'imagination politique dans l'Afrique contemporaine*, Paris, Karthala, coll. « Les Afriques », 2000.

9 Albert Memmi, « Portrait du colonisateur », dans *Portrait du colonisé*, Paris, Gallimard, coll. « Blanche », 1985 [1957].

l'humanité elle-même fait les frais de cette souffrance, qu'elle est privée des apports d'un peuple sur le plan des arts, de la science, de la pensée, de la créativité sociale et simplement de ce qu'on entendait jadis par le bon commerce. Qu'a-t-on perdu collectivement tandis que, des décennies durant, voire des siècles, nous privions tout un peuple des conditions de possibilités de ses vigoureuses forces de proposition ?

Les luttes d'émancipation, par exemple des femmes, des colonisés ou des minorités sexuelles, si elles concernent à l'évidence au premier chef les personnes intimement et directement en cause dans ces combats, restent tout de même pertinentes à une échelle collective et concernent donc aussi les sujets qui ne sont pas les premiers touchés par ces enjeux. Le féminisme modifie le rapport des hommes aux hiérarchies qui les aliènent. Ainsi, une société qui tient à la participation des femmes dans la vie publique, scientifique et culturelle est gagnante dans son entièreté. Tous les membres de cette société profitent de cette participation de sa moitié féminine. L'impératif de la virilité, de l'impassibilité et de la froideur enchaînaient les hommes à des figures aliénantes ; ils peuvent saluer en le féminisme une modalité d'affranchissement qui les concerne aussi. Il en va de même pour les luttes anticoloniales : il arrive un point où c'est à titre égal que Blancs, Noirs, Jaunes et Mats, Roses – qu'importe ! – luttent pour l'émancipation des Noirs, la décolonisation des États corrompus par des forces occidentales du capitalisme et travaillent à une transformation radicale des imaginaires. Car tous gagnent à voir les gens de Port-au-Prince et de Kinshasa trouver chez eux des conditions matérielles de vie et une liberté favorable à la créativité. C'est toute l'humanité qui souffre de l'aliénation et du musellement de peuples pour qui la participation à la vie civique est rendue difficile.

Or, on nous somme d'expliciter notre point subjectif d'énonciation. Certains le font jusqu'à étendre la considération tout au long de leur exposé. Sauf pour des situations très spécifiques qui requièrent quelque explication circonstanciée, cela n'est-il pas le sens implicite d'une signature accompagnée d'un titre ? A-t-on besoin d'en dire tellement plus, sinon que pour se prosterner devant un autel idéologique ? Ce qui parle en soi n'est pas soi, mais un essai, humblement candidat à la pensée commune et tourné vers autrui. Soumis à la pensée commune, quels que soient le sexe, l'âge et la couleur de peau de la personne qui le lit. Non pas que le sexe, l'âge ou la couleur de peau de la personne qui le reçoit m'indiffèrent. Au contraire, cette personne-là seule compte. C'est elle qui fera ou non quelque chose de cet essai, où qu'elle se trouve et qui qu'elle soit positivement.

Le commun sans « -isme »

COMME POUR tant d'autres questions, Georges Bataille a inauguré, en même temps qu'il les a annoncées, les mutations culturelles de la seconde partie du XXe siècle. Du programme surréaliste alliant Marx à Rimbaud – « transformer le monde » et « changer la vie » –, l'écrivain déclara vain le premier cri de ralliement, pour s'en tenir au second.

Poète proche de Bataille, travaillant avec lui dans la communauté « Acéphale », Patrick Waldberg témoigne sur France Culture :

> Puis alors, il y a eu notre désaffection, je ne pense pas seulement à moi, mais aux gens de mon âge, disons. Notre désaffection de la vie politique. Nous avions été plus ou moins engagés, disons militants dans un certain sens, marxistes et autres, et puis les choses étaient de telle nature qu'il y a eu une perte totale de confiance et de foi dans les perspectives révolutionnaires de l'époque. Et Bataille apportait quelque chose d'autre. Nous pensions toujours, comme les surréalistes d'ailleurs, que les deux mots d'ordre devaient être « transformer le monde » et

> « changer la vie ». Eh bien Bataille s'est proposé d'oublier cette transformation du monde, qui ne pouvait pas avoir lieu avec notre concours, et de se consacrer au deuxième plan : changer la vie. Et c'est là qu'il a proposé, à certains d'entre nous, une société secrète avec des rites initiatiques, une société dont l'intention, très puérile naturellement, c'est peut-être ça qui nous a séduits les uns et les autres, très utopique, très chimérique. Il pensait que cette société, si elle arrivait à se coaguler et à se développer, pourrait agir un peu, disons, à la manière d'un cancer dans la société environnante[1].

Bataille pressent de manière sourde le passage du « communisme » au « commun », le moment où le communisme perd son suffixe, pour se perdre également lui-même dans un adjectif substantivé sur un mode justement si commun qu'il abandonne tout sens précis. Pour le communisme, perdre son suffixe et ainsi renouer avec le sens commun, c'est céder sur sa terrible grandeur, la matrice organisationnelle qu'il promet dans l'histoire, l'annonce salvatrice d'un ordre total émancipant tout égaré du prolétariat, et enfin la science que semble recouvrir sa modélisation réticulaire et parfaite.

---

1 « Georges Bataille (1897-1962) », entrevue de Patrick Waldberg accordée à Catherine Pont-Humbert, *Le mardi des auteurs,* France Culture, 3 juin 2007.

Passer du communisme au commun, pour ceux qui ont connu la vie de parti, c'est revenir à soi, au soi platement existant, dénudé, étourdi, angoissé. Sans la fanfare de l'Armée rouge, la marche forcée du 1er Mai, les mythes totémiques de pionniers inaccessibles, les promesses mégalomaniaques de lendemains qui chantent, les mots d'ordre du Politburo, l'embrigadement faussement volontaire dans le Parti. C'est se passer du mot que Staline acheva de pervertir. « L'expérience du communisme historique du XXe siècle [...] n'a pratiquement rien à voir avec la théorie originale de Marx et ne peut en aucune manière être caractérisée comme sa "réalisation" ou son "application". Il est absolument évident qu'on ne peut empêcher la polémique idéologique et journalistique de semer à pleines mains la confusion sur ce point crucial, confusion qui fait office de pitance quotidienne aux imbéciles et aux esprits superficiels[2]. » Le caractère évidemment inepte de ces assertions, que le philosophe Costanzo Preve résume ainsi, a condamné le communisme comme expression fédérative.

Passer du communisme au commun, donc, c'est changer d'échelle autant que changer d'objet. Car deviennent communs à la faveur de ce passage moins

2 Costanzo Preve, *Histoire critique du marxisme. De la naissance de Marx à la dissolution du communisme historique du XXe siècle*, Paris, Armand Colin, coll. « U Philosophie », 2011 [2007], p. 147.

une condition universelle, celle du prolétariat, que les atouts d'un territoire administrable dans une aire sensée. Ce sont des corvées par lesquelles on récolte les grains, les espaces où on autorise le glanage, des pratiques artisanales qu'on acquiert pour faire le pain grâce au four qu'on s'est donné en partage, l'agora qu'on organise pour formaliser des rapports structurant les obligations au travail et les droits à ses fruits.

Passer du communisme au commun, finalement, c'est concéder la victoire au mouvement anarchiste, non pas au sens où plus aucune structure ni direction n'existe, mais au sens où sont sabordés l'*archè* traditionnelle se donnant un chef comme figure de proue, l'organigramme hiérarchique comme gage de fonctionnement et le droit traditionnel comme modélisation des pouvoirs. Les formes mêmes d'organisation du pouvoir, de la délibération, de l'attribution des droits et devoirs quittent tout registre transcendant pour basculer à leur tour dans le domaine du commun, dans ce qu'on s'approprie comme d'une chose partagée et discutée.

Diffus, le commun renvoie à tout ce qui n'est pas approprié ni appropriable au titre de la possession privée. *Appropriable* soit au sens des possibilités, soit au sens d'une réserve morale qu'on observerait en commun. L'air, l'eau, la langue vernaculaire, l'art de faire le pain et le droit d'entonner les ritournelles des anciens, ce faisant, constituent des éléments ou des savoirs que nul ne saurait s'approprier au titre de ce qu'il détient exclusivement. Les communs concernent ainsi une myriade de référents. Ils peuvent être matériels : vergers, champs fruitiers en autocueillette, dispositifs en partage tels que des fours collectifs, sources d'eau, véhicules communs, réseaux cyclistes... Ils peuvent aussi constituer des valeurs immatérielles : savoir-faire ancestraux, pratiques culturelles, patrimoine artistique... Aujourd'hui, les utilisateurs d'outils informatiques en sont également friands, grâce à des logiciels ou des documents dits « libres ».

Mais dans cet ensemble aux contours flous, le commun sans « -isme » se cherche une cohésion. On risque de « parler dans le vide » en évoquant cette notion à tout va, prévient Christian Laval[3], co-auteur d'un livre phare sur la question[4]. Anglicisme mal traduit, parmi tant d'autres dans notre langue, les *commons* génèrent, comme souvent avec ce que déverse le dialecte managérial dans le monde, des effets de mode préoccupants. D'où que le commun soit même compatible avec

---

3 Christian Laval, « Le mouvement des “communs” peut-il réactiver la démocratie ? », conférence, INRIA Grenoble, cycle « Comprendre et Agir », 30 novembre 2017.

4 Pierre Dardot et Christian Laval, *Commun. Essai sur la révolution du XXIe siècle,* Paris, La Découverte, 2014.

l'approche de la « gouvernance[5] », un incontournable barbarisme qui provient du monde de l'entreprise privée[6].

Laval, cherchant à débrouiller les choses, insiste sur ce point : il ne saurait y avoir de commun sans que soit considérée une forme nouvelle d'institutionnalisation politique administrant le bien concerné. Si celle-ci ne peut en rien dépendre des modalités capitalistiques et privées de possession, en lien avec des logiques de marché, elle ne devrait pas non plus dépendre des formes dites « publiques » de propriété en lien avec l'« oligarchie » que continue de représenter l'État traditionnel. Il s'agit donc d'une révolution de la révolution, d'une transformation radicale de la façon moderne de faire la révolution, soit en ne cherchant pas, cette fois, à substituer un régime étatique à un autre, mais à changer de régime tout à fait. Donc, peut-être encore transformer le monde, mais surtout en changeant la vie, en opérant sur les mœurs, sans l'ancienne programmatique hégémonique.

Sur un plan pratique, il devient très difficile de fonder légitimement cette nouvelle aire législative qui

---

5 Comme dans le désormais classique Elinor Ostrom, *La gouvernance des biens communs. Pour une nouvelle approche des ressources naturelles*, Bruxelles, De Boeck, coll. « Planète en jeu », 2010 [1990].

6 Alain Deneault, *« Gouvernance ». Le management totalitaire*, Montréal, Lux, coll. « Lettres libres », 2013 ; *La médiocratie*, Montréal, Lux, coll. « Lettres libres », 2015.

n'est ni étatique ni privée. Car s'il s'agit de fonder la politique indirectement révolutionnaire sur le plan des mœurs, des us et des coutumes, ceux-ci ne peuvent faire l'objet d'aucune législation ni être décrétés. On ne formalise pas des mœurs comme on forge une loi ; celles-ci macèrent et se développent elles-mêmes dans le temps long, à la manière d'un bien commun. En changer suppose sinon une vague moraliste aussi puissante que violente, avec tous les contrecoups imaginables, ou observables aujourd'hui lorsqu'on lit les journaux.

Le juriste français Étienne Le Roy, spécialiste des communs en Afrique, désigne par le terme de « juridicité » le registre où s'inscrit cette nouvelle pensée politique. Un bien ne saurait devenir commun du simple fait qu'il se trouve nationalisé par un État. Un tel bien se trouve déjà en situation d'être privatisé ; le XXe siècle est en cela source d'enseignement. « Il y a un droit sans normes, dans des conditions d'ignorance de la propriété privée », loin de l'ordre institutionnaliste du droit occidental, loin de sa structuration rigidement pyramidale. Pour Le Roy comme pour plusieurs, le commun relève d'un éthos affranchi de la mystique révolutionnaire, laquelle, selon lui, erre en promettant le Grand Soir dans une radicale altérité. Plutôt, le commun se présente comme une résurgence de modalités de fonctionnement prémodernes, alliée à des structures aujourd'hui héritées de la modernité, dans une postmodernité qui fait mélange de tout.

> Maintenant avec toutes les problématiques de l'écologie, nous découvrons que nous devons à la fois retrouver certaines formules de la prémodernité, contrôler les effets de la modernité, identifier ce qu'a apporté la postmodernité – la postmodernité, je la fais démarrer après le second conflit mondial – et donc, ce qu'elle nous a apporté est que maintenant nous sommes convoqués par l'obligation de penser les trois étapes, en même temps. Non pas selon le principe des contraires qui appartient, disons pour simplifier, à la vieille philosophie, mais sur la base du principe de la complémentarité des différences, qui est le nouveau paradigme en train de se développer actuellement, et qui pour moi est à la base des communs, entre autres. Par exemple, mes amis sénégalais font entre 9 h et 17 h de la modernité au bureau, puis à 17 h, ils font de la traditionnalité en allant jardiner[7].

En France, sur ce mode pondéré, François-Xavier Verschave et François Lille ont cherché, dès le début de ce siècle, à faire valoir les biens publics, notamment à travers l'association Biens publics à l'échelle mondiale. Mais le mouvement s'est étiolé en raison de ce manque d'ancrage structurel qui est caractéristique d'une pensée plutôt diffuse. Dans de tels cas de

---

7 Entretien d'Étienne Le Roy accordé à Gabriela Coman et Alain Deneault, « Étienne Le Roy. Le droit, ennemi du commun », *Liberté*, nº 306, hiver 2015.

figure, les tenants du commun restent en mal de ce qu'un certain « -isme » garantit en matière de structure, de logique, de repères. N'est-il pas étonnant, pour nous aujourd'hui, de voir Murray Bookchin, dans les premières pages de son livre *Une société à refaire*, s'en prendre avec virulence à toutes les mouvances informes de l'écologie politique, les écoféministes et les antispécistes en tête, tout en militant pour un renouveau politique radical ? L'écologiste vermontois leur reproche en particulier la liquidation de l'héritage des Lumières. Certes, reconnaît-il à la manière d'une évidence, celui-ci, récupéré et dévoyé, a fondé les pires expériences de la modernité, dont la bureaucratie totalitaire de type soviétique, tout autant que les technosciences mises brutalement au service du règne marchand. Mais les Lumières ont aussi contribué au fondement de thèses émancipatrices, du partage des intelligences, de l'autonomie ou de la science. Elles ont donné à l'humanité tous ses « -ismes ». Pour Bookchin, on peut certes éprouver un certain désarroi du fait de la captation de cet héritage par l'État oligarchique et de grandes entités privées, et alors on ne se sent plus concerné par ces marques historiques de progrès. Pis, on s'en méfie. Mais pour lui, cette méfiance est coupable. Car en s'en méfiant, on contribue au mal. « Ces réactions compréhensibles deviennent des tendances profondément réactionnaires lorsque les solutions avancées impliquent la désagrégation de la notion d'intérêt général de l'humanité, au profit du sexisme, le remplacement de l'impératif humaniste par un folklore tribaliste et de la société écologique par un prétendu retour à la nature[8]. » En ce qui concerne les antispécistes en particulier, il dénonce le discours de l'obéissance à un supposé commandement de la nature, reconnaissant là précisément un retour de l'*archè* en tant cette fois qu'il est attribué à la nature elle-même. L'« -isme » abusif qu'il s'est agi de fuir en rompant par exemple avec l'appareil bureaucratique de l'expérience soviétique, le voilà revenu sur un mode naturalisé.

Quid des enjeux écologiques dont il traite, tout comme le font Étienne Le Roy ou le duo Dardot-Laval ? Ceux-ci risquent de faire l'histoire eux-mêmes, de conduire à la révolution malgré toute délibération humaine, en imposant un changement de décor qu'on n'avait pas vu depuis des millions d'années. Ils précipitent une révolution au sens de *rendre révolu* ce qui est, sans que des forces prolétariennes ou une volonté politique souveraine soient à l'œuvre. Ce vent que nous préparent les changements climatiques risque de souffler sur le mille-feuille structurel et séculaire que conçoit Le Roy, tout en précipitant les délibérations

---

8 Murray Bookchin, *Une société à refaire. Vers une écologie de la liberté*, Montréal, Écosociété, coll. « Retrouvailles », 2011 [1993], p. 248.

d'assemblée que définit le tandem Dardot-Laval. Ce commun-là – notre appartenance au vivant, notre humble interaction avec les éléments autres qu'humains avec lesquels nous participons d'une vaste composition –, nous n'avons aucun pouvoir de délibération sur lui. Et ce qu'emporte la révolution *sui generis* de la catastrophe écologique en cours, c'est le principe même de la politique moderne, son hubris, l'impression que les sujets humains disposent du vivant, des territoires et des eaux et les ont suffisamment domptés pour les tenir à tout jamais en respect. C'est le rapport de surplomb à la nature et une éthique de l'intendance à son égard que même les scientifiques contemplatifs du XVIIIe siècle, et les romantiques à leur suite, ont produits, à la manière d'une création émanant de l'esprit et d'une responsabilité incombant à l'humanité[9].

Dans le contexte multicrise qui s'amorce surviendra une obligation d'organiser sur un mode original cela qui nous est commun. Un monde dont la température aura augmenté de 3,5 ou 4 °C depuis le début de l'ère industrielle[10], qui aura vu un million d'espèces disparaître et aura perturbé comme jamais sa chaîne

9 Donald Worster, *Les pionniers de l'écologie. Nature's Economy*, Paris, Sang de la Terre, coll. « La pensée écologique », 2009 [1977], p. 75-76.
10 David Wallace-Wells, *La Terre inhabitable. Vivre avec 4 °C de plus*, Paris, Robert Laffont, 2020 [2019].

alimentaire universelle[11], sera régulièrement submergé de raz-de-marée ou soufflé par des ouragans récurrents, se démènera dans des épidémies de pandémies[12], devra composer avec d'invraisemblables sécheresses ou se battre avec des insectes méconnus, ce monde – sans pétrole abondant pour satisfaire une consommation effrénée ni minerais abordables pour renouveler les appareils électroniques et informatiques jonchant les dépotoirs de fortune –, s'il ne bascule pas en plus d'ici là dans la tyrannie fasciste d'un vociférateur tenant serrées ses troupes, se verra en situation impérative de composer avec le peu qu'il nous restera en commun. Nous nous reconnaîtrons dans des aires régionales appelant une économie d'un genre radicalement nouveau, dans un sentiment d'urgence et de nécessité d'où, espérons-le, au moins du sens éclora.

---

11 Sandra Díaz *et al.*, « Résumé à l'intention des décideurs du rapport sur l'évaluation mondiale de la biodiversité et des services écosystémiques de la Plateforme intergouvernementale scientifique et politique sur la biodiversité et les services écosystémiques », *Rapport de la Plénière de la Plateforme intergouvernementale scientifique et politique sur la biodiversité et les services écosystémiques sur les travaux de sa septième session,* Bonn, IPBES, 2019.

12 Marie-Monique Robin, *La fabrique des pandémies. Préserver la biodiversité, un impératif pour la santé planétaire,* Paris, La Découverte, coll. « Cahiers libres », 2021.

L'extrême centre bien au contraire

UNE ATTITUDE FANATIQUE est en cause : détruire définitivement celui qui refuse de partager sa foi ; le terroriser, le sidérer, puis propager ses croyances par tous les moyens comme s'il y allait d'une obligation pour l'esprit[1]. Mais pour Roland Gori, ce fanatisme à l'occidentale ne s'explique pas par des crispations au nom de l'absolu comme on en rencontre dans d'autres régions du monde, mais par le vide spirituel sidéral dans lequel le fonctionnalisme juridique et technoscientifique plonge les modernes[2].

C'est aussi en ce sens que l'idéologie d'extrême centre, dans laquelle nous nous enlisons, est extrémiste. Son programme est violemment inégalitaire,

---

1 Gérard Haddad, *Dans la main droite de Dieu. Psychanalyse du fanatisme,* Paris, Premier parallèle, coll. « Générale », 2018 [2015], p. 18.

2 Roland Gori, *Un monde sans esprit. La fabrique des terrorismes,* Arles, Actes Sud, coll. « Babel », 2018 [2017]. Lire aussi : Marie-Laure Susini, *Éloge de la corruption,* Paris, Fayard, coll. « Documents, témoignages », 2008, p. 9.

destructeur et impérialiste, mais aussi, il se révèle intolérant et sourd à tout ce qui ne lui convient pas. Le projet de l'extrême centre : garantir la croissance des entreprises et l'augmentation des bénéfices ; assurer l'accès aux paradis judiciaires et fiscaux ; réduire l'écologie politique à un marketing du verdissement ; étouffer tout discours social de l'État (en faisant par exemple d'une crise sanitaire un acte de « guerre » plutôt qu'une responsabilité sociale et collective) et minimiser les dépenses publiques dans les secteurs sociaux et culturels. Quelque orientation du genre, indépendamment de l'emballage (conservateur, libéral, social-libéral, social-démocrate...), se réclamera, grâce à des médias que détiennent les oligarques ou que contrôlent les États, de la « raison » et de la « normalité », tandis que les autres passeront pour « irresponsables » et « fous », dans une guerre d'étiquettes qu'ils mettent en œuvre, juges et parties.

La visée de l'extrême centre – une politique qui a la médiocratie pour modalité et la gouvernance pour discours théorique – est de naturaliser à tel point le principe ultralibéral et darwiniste social qui préside aujourd'hui, et de l'assimiler à un simple art de gérer, qu'on n'arrive plus même à le nommer, à le mettre en doute, à le jauger. Il faudrait que la politique s'oblitère au profit de la gestion, laquelle, ennoblie sous son nouveau vocable de « gouvernance », se réduise désormais à administrer. Foin de la politique qui établissait en fonction de grands principes les balises et orientations au nom desquelles gérer ! C'est comme si cet ordre de principe tombait sous le sens au point de se satisfaire de son application implicite et de sa dissipation dans l'air du temps. En Amérique, le caractère interchangeable des conservateurs et des libéraux sur les grands enjeux industriels et financiers, et en Europe les gouvernements d'« amples coalitions » ou d'« ouverture » comme ceux d'Allemagne et de France depuis le milieu de la décennie 2000, témoignent de cette volonté de confondre les courants idéologiques au profit d'une unique pratique de gouvernement, la « bonne », « responsable », « normale », « rationnelle » et « raisonnable », la seule qui soit. En France, un président « normal » a enfanté un successeur élargissant le centrisme politique à une posture attrape-tout. Au Québec, c'est la rhétorique du « gros bon sens » qui paie.

Dans un contexte comme celui-là, les médiocres prennent le pouvoir. L'avenir est aux stratèges du renvoi d'ascenseur, aux gratteurs de dos, aux plus malins, aux marketeurs de clientèles électorales jouant le jeu en s'assurant de repérer la place de chacun sur l'échiquier social. Le régime promeut la standardisation des pratiques et l'interchangeabilité des prestataires dans des structures de production matérielle ou immatérielle.

La « médiocratie » relève certes de l'impératif de la moyenne, de l'incarnation forcée de ce qui passe pour moyen au titre de prestations, d'actes ou de discours sociaux ; elle relève également de la réduction de tout à un simple moyen dans l'ordre où les fins les justifient tous. La moyenne n'est plus une simple représentation abstraite, elle est en acte. Pis, elle apparaît arbitrairement sur un mode idéologique. Il ne s'agit pas d'une véritable moyenne, comme des sociologies pourraient l'établir grâce à des méthodes complexes. La moyenne de la médiocratie est une moyenne idéologique, imposée, intéressée. On fait travailler les gens ou, dans un régime concurrentiel, on les amène à travailler à un rythme *moyen*, on établit l'ordre des connaissances escompté selon une certaine *moyenne*, on inculque des méthodes qui tiennent d'un corpus *moyen*... mais aucune de ces moyennes ne fait l'objet d'une délibération ou d'une étude sur la moyenne qui convient à la population en termes de santé physique et mentale. Il s'agit plutôt d'un embrigadement dans des formes impératives et autoritaires, dites arbitrairement « moyennes ».

Dans le règne de la gouvernance, et de son sordide management, puis de son abrutissant marketing, la médiocratie a évolué de telle sorte que les sujets prennent sur eux de pratiquer la standardisation. Que ce soit sur un mode aliéné, ou fier, ou actif, ou coercitif et honteux, les sujets sont invités à intérioriser ce qui apparaît plus ou moins clairement de la part du pouvoir comme des cibles, des attentes, des comportements types, des attitudes, des buts... L'objectif reste que les « parties prenantes », comme on dit, se vivent comme des sujets actifs et volontaires dans l'élaboration du monde qui les enchaîne. Le pari est énorme : l'oligarchie veut se dispenser jusque du devoir de donner des ordres et d'administrer la subordination, pour laisser les subordonnés innover eux-mêmes dans l'art de s'enfermer dans des processus lui profitant. Il s'agit d'un subtil mais considérable transfert de responsabilités. Elle semble dire : entretuez-vous pour nous plaire et conquérir nos faveurs, nous vous regardons (quand cela nous chante). Donc, la société produit une moyenne factice du fait de l'activité des subordonnés, en se disputant un salaire ou encore un vecteur quelconque dans le champ des partenariats qu'arbitrent les plus puissants. Il est entendu que cela doit se produire dans un irrépressible chaos. Celui-ci peut même amuser les plus cyniques.

Toutefois, les architectes de la médiocratie trouvent quelques raisons de trembler en considérant les conditions de possibilité du maintien et de la reconduite de leur système ; l'épuisement des énergies exploitables sur un mode conventionnel et le coût exorbitant des nouvelles modalités d'extraction, les conséquences bien réelles pour le capital du réchauffement climatique et de l'extinction de masse des différentes espèces, la recrudescence de pandémies, la pression produite par des colonnes de réfugiés environnementaux s'ajoutent aux tensions sociales intérieures jusqu'ici aisément administrables. La crispation qu'on observe dans les cercles du pouvoir apparaît comme un dernier soubresaut avant que ne s'effondre un système menacé jusque dans son mode d'être.

Face à cela, la gouvernance consiste ouvertement en cet acte de dépolitisation, la gestion venant se substituer à la politique en taisant le principe (ultralibéral et oligarchique) au nom duquel elle est conduite, dans l'espoir de s'hypostasier et de se naturaliser complètement. On l'observe dans toutes les substitutions afférentes : les citoyens deviennent des « parties prenantes », la volonté politique souveraine du peuple l'« acceptabilité sociale », les lois des « normes », la lutte des classes le « consensus », les contraintes sociales la « responsabilité sociale de l'entreprise »... L'expert apparaît dans cet ordre – lire Omar Aktouf sur le sujet[3] – comme la figure qui vient *fixer* les problèmes (au sens de l'anglicisme qui vaut pour réparer), à la manière d'opérations qui ne remontent jamais aux causes des enjeux, mais partent toujours du principe que le système est infaillible et qu'il importe seulement d'appliquer des façons préétablies d'y intégrer les éléments manquants d'y bien fonctionner. La psychologie du travail et ce qu'on appelle trop souvent sans frémir les « ressources humaines » sont passées maîtres dans l'art de soigner des gens

3 Omar Aktouf, *La stratégie de l'autruche. Post-mondialisation, management et rationalité économique*, Montréal, Écosociété, 2002.

malades de ne pas savoir évoluer dans un régime qui est pourtant lui-même source de folie.

Oui, la médiocratie favorise les dominants. Ils *surfent* sur elle. Plusieurs en jouissent. L'appareil de production, les théories du management, le mimétisme orchestré par le marketing sont des façons d'en profiter. Mais tous les médiocres ne sont pas des partisans de la médiocratie, et c'est à partir de ce constat que le drame commence. Des médiocres malgré eux, dépendants de leur salaire, vendent des produits d'assurance à des clients pour qui ils sont inutiles, versent des perturbateurs endocriniens en connaissance de cause dans les produits qu'ils sont chargés de concocter, s'emploient à la production d'émissions de télévision qu'ils savent débilitantes... Où s'arrête l'adhésion de ces « manipulateurs de symboles » ? Et pourquoi la vague ne se fracasse-t-elle pas sur ceux qui désavouent la médiocratie ? Parce que le régime les tient : les uns ont des bouches à nourrir ou une hypothèque à régler, les autres ne savent pas répondre à la pression sémantique et méthodologique qui fond sur eux comme une vaste force, certains enfin ne trouvent pas en eux les ressorts pour résister à ce qui fait illusion en se naturalisant...

Répondre par l'excentricité ou la *médiété* ?

Pour résister à la médiocratie, on pourra être tenté d'en imiter le contraire. Mais imiter l'opposé d'une fausse conscience peut-il déboucher sur autre chose qu'une nouvelle fausse conscience ? Nous aspire alors une dérive spiraloïde, celle dans laquelle nous entraîne le débat public maintenant. Se plaçant à quelque extrême de l'extrême centre pour espérer en échapper, il s'agira désormais de camper sa conscience dans les champs de l'excentricité qui, par le défi qu'ils posent à la raison commune et aux traditions, ne pourront sembler que le fait d'initiatives personnelles et libres. L'illusion libérale de pouvoir tout déterminer en soi et par soi seul – sa nature, son sexe, son mode d'être, ses croyances improvisées – soutiendra un temps la posture de résistance à un régime ultralibéral auquel, ce faisant, on emprunte tout. Un existentialisme de pacotille sévit ; il se présente confusément à la fine frange de la radicalité tout en s'inscrivant de fait dans l'hégémonie de la pensée canonique anglaise. « Le droit » à la dissidence excusera toutes les libertés face à ce qu'on réduira systématiquement à des « pouvoirs » – la culture, les pratiques sociales et même la nature y passeront. Ainsi, plus rien ne doit s'imposer comme un donné anthropologique qui nous excède et qu'on doit chercher à comprendre. Les questions philosophiques fondamentales qui commencent par des formules redondantes telles que « Qu'est-ce que [ceci, cela] ? », c'est-à-dire « Ce quoi est quoi ? », posent le problème de la référence qui cherche à codifier une réalité tangible et à valoir pour elle. C'est l'éternel jeu entre le référent et le signe, entre les mots et les choses. Ce « quoi » énigmatique et mystérieux, auquel je tente de rendre justice par la théologie, la pensée politique, la science ou les arts. Par quelle médiation ? La question humble du « Qu'est-ce que ? » et son pendant « Qui suis-je ? » se voient liquidés dans le mouvement même de la médiocratie. Le sujet se trouve alors jeté dans le monde sur le mode d'une exclusion du monde, où on le laisse libre d'affirmer de façon péremptoire : je décide que je suis, moi, ce « qui » ; je délibère à propos de ce qui est, je dispose de « quoi » que ce soit.

Cauchemar de Jean-Paul Sartre. Comme son fantôme revient nous hanter alors qu'on le nomme si peu, fût-ce pour avoir le plaisir de le conjurer une seconde fois, à l'instar de la génération de philosophes qui l'ont suivi.

Cauchemar de Jacques Derrida, dont on récupère et escamote la notion de « différance » avec un a. Ce substantif forgé à partir du participe présent du verbe « différer », faut-il le rappeler, n'élimine pas la possibilité de référents génériques et fondamentaux, mais présente leur avènement comme différant absolument. Donc, ne pas postuler l'impossibilité de concevoir un référent absolu de la famille, du masculin et du féminin, ou de la nature, par exemple, mais considéré comme ajourné à jamais le moment de cette révélation, de sorte que puissent advenir dans la phénoménalité différentes façons de concevoir cette chose ultime, ainsi tel mode familial, telle modalité masculine ou féminine, tel rapport au substrat naturel... Cette précision relevant d'un agnosticisme philosophique nous échappe.

Vis-à-vis de la médiocratie, l'opposition n'a pas à s'opposer dans des rapports contrastés et flagrants. Il est fort possible de la retrouver dans des apparences voisines, mais qu'en réalité tout sépare, surtout lorsque, sur un mode orwellien, un régime cherche à dissimuler son discours dans un autre qui lui est en réalité distinct. Ainsi, l'extrême centre se présente sous les traits de la pondération, de la normalité intimidante et de la pseudo-moyenne politique, bien qu'elle se manifeste de manière radicale, afin qu'on ne puisse reconnaître dans son contraire que des figures excentriques s'abîmant dans la dissolution des formes pour se jeter à corps perdu dans de stériles actes créatifs. Ou encore dans des haines aveugles qui se dénonceront d'elles-mêmes et serviront de repoussoir.

C'est donc bien plus dans une figure en apparence voisine de l'extrême centre et de la médiocratie qu'on retrouve, dans sa radicalité, ce qui s'oppose au régime à l'œuvre. La mesure, la rigueur, la pondération. La médiété.

Le complot sans théorie

EN REGARD de discours idéologiques que les instances dominantes ont le pouvoir de marteler, la confusion règne entre l'approche critique qui tente de les débusquer et de s'y opposer, et ce qu'on associe confusément au complotisme. Et les discours dominants qu'il s'agit précisément de réfuter entretiennent cette confusion.

Passer en revue les trois approches idéologique, critique et complotiste représente ainsi une occasion de suivre comment on passe de l'une à l'autre, d'autant plus que, trop souvent, elles se présentent confusément à l'esprit.

Il y a plusieurs façons de définir l'idéologie, s'il s'agit de commencer par elle. Ne partons pas de l'époque où ce terme désignait de manière générique le corpus des idées valant politiquement. Isabelle Garo, dans son livre *L'idéologie ou la pensée embarquée*, entre autres références[1], conçoit l'idéologie comme l'exercice

---

1 Isabelle Garo, *L'idéologie ou la pensée embarquée*, Paris, La fabrique, 2009.

de la pensée de la part de pouvoirs, de manière à articuler, réfléchir et justifier le régime qu'ils administrent. C'est un ensemble de notions, de concepts et d'enchaînements logiques par lequel s'affirme et se consolide un ordre établi.

Évidemment, dans son expression, l'idéologie ne se présente pas d'elle-même comme telle ; elle se montre tout court. C'est donc à travers un effort critique qu'on arrivera à la discerner, à éclairer ses biais et ses travers, à en faire la genèse intéressée. Karl Marx faisait comprendre en un clin d'œil le fonctionnement de discours idéologiques en suggérant dans les *Grundrisse* en 1857 que le capitalisme est source de production au sens où il génère une multitude de biens marchands, au rang desquels on compte par exemple des denrées alimentaires, des meubles, des vêtements, des outils... et, spécifiait-il, il produit de surcroît des économistes. C'est-à-dire que le discours patenté de ces spécialistes de l'intendance marchande, celui qui s'emploie à hisser au rang de science et ainsi à couvrir d'un voile de légitimité des discours d'intérêts sur les bénéficiaires du régime capitaliste, se révèle en lui-même un capital. Par lui, par sa propagation, par son effet sur le public, par son ascendant sur les cadres supérieurs et exécutants qualifiés, par son occupation de la sphère publique au sens quasi militaire, se façonne la conscience publique. C'est là un art d'émettre dans la culture les termes d'une monnaie névrotique[2]. Les idéologues ont pour fonction, rôle et mission de justifier intellectuellement l'acte général de violence par lequel le capital se trouve généré au détriment d'une masse de travailleurs et au bénéfice d'une poignée d'oligarques.

Mais l'idéologie ne consiste pas simplement en une vitrine propagandiste affichant les termes par lesquels se rend visible et se raconte un régime politique, elle permet à ce dernier de tendre une boussole à ses subordonnés, pour qu'ils sachent s'y orienter et le servir volontairement. Toi, individu assujetti à mon pouvoir, toi qui cherches à te tailler une menue place dans mon régime, comme salarié, associé, partenaire, gestionnaire d'une PME, boutiquier, avocat, commerçant... voici le vocabulaire que tu peux cultiver, la formation que tu peux te donner, les compétences informelles que tu peux développer... pour rester dans mes bonnes grâces et ainsi bénéficier de légers avantages que je te réserve. Ainsi, l'idéologie se diffuse telle une parole du pouvoir donnée en partage. Partager l'idéologie, quand on a 20 ans, c'est se dire qu'il est peut-être bien d'investir dans son capital cognitif en décrochant un diplôme afin de se rendre concurrentiel sur un marché du travail à titre de demandeur d'emploi, et ce, dans l'espoir de devenir une ressource humaine pour un employeur,

2 Alain Deneault, *L'économie psychique*, Montréal, Lux, série « Feuilleton théorique », n° 4, 2021.

lequel nous fera accéder à un pouvoir d'achat faisant de soi quelqu'un qui a réussi.

Comme organisation de pensée, scène mentale, orchestration intellectuelle correspondant à ce que le pouvoir souhaite qu'on pense de lui et de soi-même, l'idéologie a ceci de pervers qu'elle s'impose comme un passage obligé. Elle se fait instrumentale, y compris pour les dominés. Et évidemment l'idéologie consiste à dominer les dominés, à légitimer ce rapport de domination, mais aussi à outiller les dominés pour que, tout dominés qu'ils soient, ils parviennent néanmoins, dans ce régime de la domination, à se positionner, à collaborer, à faire fonctionner comme un rouage la machine même qui les opprime.

À contrario, l'idéologie se présente donc comme la langue dont on ne saurait se priver, au risque sinon de glisser dans les marges, là où les titres et descriptions les plus péjoratifs nous attendent. Là où on peinera à trouver une place, une part, une fonction… Comment exiger d'un jeune esprit de 20 ans, par exemple, qu'il délaisse l'idéologie, qu'il l'abandonne, qu'il passe à un tout autre régime de pensée – communiste, anarchiste, écologiste radical… ? Lui dire « passe-toi de l'idéologie, ne pense plus dans les termes du pouvoir, ignore ce langage-là, même délaisse-le », c'est au fond condamner ce jeune-là à la marginalité. C'est-à-dire priver les sujets, qui tout d'un coup délaisseraient le vocabulaire idéologique et son esthétique, et sa logique, des éléments qu'il faut pour se situer sur l'échiquier de l'espace social, lui-même façonné par ce pouvoir. Certains ont le courage de s'y essayer. D'autres tendront à délaisser l'idéologie à un degré ou à un autre, veilleront à ce qu'elle ait le moins d'emprise possible sur leur esprit et leur action. La critique, le plus souvent, est alors le fait de mouvements de rupture relatifs. Cela n'empêchera pas de vivre en société ou de croire au principe d'institutions publiques, mais sous des formes exigeantes, subversives, créatives et à terme hostiles à une majorité qui obéit à ces mœurs motivées par le régime.

La critique

La pensée critique a donc pour vocation, notamment, de traquer l'idéologie, à savoir la reconnaître, la sonder, la révéler, l'expliquer. Loin de la stérile *autre face de la médaille* que prise le journalisme, elle n'entraîne aucun dialogue de sourds entre deux propos qui s'affronteraient diamétralement. La critique fait subir une halte au vocabulaire et à la pratique en usage. Elle doute. Sans elle, le recours aux termes de l'idéologie, lorsqu'il se fait d'une manière précipitée, nous oblige à développer un très grand nombre de points aveugles. Lorsqu'on parle de gouvernance plutôt que de politique ; lorsqu'on parle de « clients » plutôt que de spectateurs, de voyageurs, de patients, de lecteurs, d'étudiants ; lorsqu'on parle d'« acceptabilité sociale » par rapport à des projets industriels qu'on peut imposer dans sa communauté plutôt que de parler de volonté politique, par exemple, on se trouve à enfermer les consciences dans une série de censures. Ici, la censure ne se fait pas à l'ancienne, soumise à l'autorité d'un bureau officiel où on rature tel mot ou retire tel plan d'un montage, mais il s'agit de censurer en induisant, en inculquant et en cultivant des termes porteurs d'angles morts, des termes nous rendant aveugles à certains enjeux. Dès qu'on parle de gouvernance à la place de la politique, on entretient un rapport managérial et contractuel au monde plutôt qu'un rapport citoyen, basé sur des droits et une institutionnalisation de la chose publique. Du moment qu'on parle en termes de « clientèle » – la clientèle étudiante, la consommation de spectacles, la consommation de musique, les clients d'une société de transport en commun, d'une université, d'une bibliothèque... – on passe d'un régime public à un régime commercial.

Repérer une assertion idéologique, c'est en faire la sémantique ainsi que la genèse. Comment le discours fonctionne-t-il pour opérer dans un ordre donné ? D'où vient qu'il se soit développé de manière hégémonique ? Isabelle Garo insiste sur la façon dont la représentation idéologique cadre et met en perspective les enjeux sociaux. Le cadrage procède ici de la rhétorique et de l'esthétique. C'est, par exemple, aborder systématiquement l'activité des grands groupes industriels sur le plan de la création d'emplois pour les petites gens.

Procéder ainsi, c'est faire des industries les providentiels pourvoyeurs d'emplois de notre régime et amener la conscience publique à ne plus penser les enjeux de société qu'au vu d'intérêts particuliers agglomérés. Jamais, selon un tel point de vue, un sujet ne hissera sa pensée sur le plan des questions politiques communes. Sinon, ce serait traiter des avancées techniques strictement sous l'angle du génie industriel, et non du coût écologique de l'extraction de minerais qu'il requiert ou des conséquences sociales de l'usage qu'on en fait.

Du point de vue de l'image, le cadrage représente un enjeu littéral. Comment cadre-t-on un sujet ? Une vaste manifestation étudiante ou syndicale filmée depuis un hélicoptère et retransmise selon cet angle suscite un regard semblable à celui de la police, correspondant ; tandis qu'attrapée au milieu de la foule par une caméra sur l'épaule, elle nous donne au contraire l'impression épique d'en être soi-même. Filmer une personne publique au loin dans un plan large la montrant se déplaçant comme si on suivait un point noir dans l'espace nous la rend beaucoup plus vulnérable que si on l'exhibe par un gros plan en contre-plongée.

À force de répétition, ce formatage finit par donner une impression de réalité plus vraie que vraie. Le discours idéologique vise d'abord et avant tout à naturaliser une position, à donner une allure évidente et nécessaire à la façon dont l'ordre social se narre et se façonne. Comble de l'exercice : les idéologues disant du capitalisme triomphant, durant les années suivant la chute du mur de Berlin, qu'il reflète la nature humaine elle-même, que de s'y opposer revient à s'en prendre à la météo... Quand on pense au dérèglement climatique aujourd'hui, on trouve cette farce bien sombre.

Sur ce point, faire preuve de pensée critique, ce n'est pas seulement exhiber le fonctionnement du discours dominant et sa genèse au service d'intérêts, c'est aussi signaler son caractère non plus naturel mais optionnel. La critique force la conscience de ceux qu'elle ne persuade pas à au moins considérer que leur adhésion à l'idéologie ne relève plus d'une nécessité de l'esprit, mais d'un choix seulement. Ce discours s'inscrit désormais dans une gamme, comme un discours parmi d'autres.

Souvent, la pensée idéologique est assez complexe. Le simple fait de nous avoir collectivement convaincus que nous devrions nous définir respectivement comme des individus est en soi un tour de force, tellement il nous est plus spontané de nous penser de façon grégaire. Des décennies de propagande ont été requises pour nous amener à adopter de manière fluide ce point de vue strict de l'agent rationnel. Dans la foulée, le premier quidam sera à même aujourd'hui d'opiner qu'il ne faut pas trop imposer les entreprises si on ne souhaite pas qu'elles s'en aillent, et que les syndicats ne doivent pas trop exiger d'elles. Gramsci disait de la pensée critique qu'elle ne relève pas d'efforts intellectuels plus grands que le discours idéologique, lui-même souvent tordu au point d'avancer à rebours du bon sens, mais que ceux qui l'investissent n'ont pas les moyens sociaux nécessaires de le faire connaître avec la même intensité que le premier.

Parmi les caractéristiques de la critique, relevons ce dernier aspect, sur lequel insiste Max Horkheimer : la critique soumet au doute les discours officiels tout en se soumettant elle-même à son propre examen[3]. Entretenir le doute sur la portée et le bien-fondé de sa propre remise en cause d'un discours dominant, c'est avoir en veilleuse cette idée que sa propre pensée peut devenir l'idéologie de demain, qu'elle est elle-même sujette à dérapage, qu'elle peut se figer et constituer une sorte d'organon valant pour elle-même et défendant peut-être des intérêts d'un nouveau genre. C'est possible. Une tournure heureuse de Jacques Rigaud pour se prémunir contre ce risque : « Et même lorsque j'affirme, j'interroge encore[4]. » Même lorsque j'affirme, il y a quelque chose dans l'acte d'affirmer qui ne sature pas la conscience. La conscience continue tout de même de douter de ce qu'elle est en situation d'affirmer

3 Max Horkheimer, « Théorie traditionnelle et théorie critique », dans *Théorie critique*, Paris, Payot, coll. « Critique de la politique », 2009 [1937].

4 Cité par Roland Barthes dans « Écrivains et écrivants », dans *Essais critiques*, Paris, Seuil, coll. « Tel quel », 1964 [1961].

quand il s'agit de dire autre chose que ce que l'idéologie nous amène à dire.

Cette distinction est d'autant plus importante que c'est par elle que la pensée critique se distingue d'une certaine discursivité complotiste. La théorie critique vise à refondre un ordre tout en entretenant toujours un doute sur le bien-fondé de ce qu'elle avance.

Qu'est-ce qu'un complot ?

La notion de « complot » qui sévit particulièrement aujourd'hui, et dont on entend parler partout, qui tombe même désormais sous le coup de la loi en certaines circonstances[5], n'est pourtant pas malvenue. Loin de sa caricature médiatique, elle se peut définir de cinq façons tout à fait différentes.

D'abord, le complot passe pour une notion de droit. Dès lors qu'on s'intéresse aux affaires judiciaires, on sait que des accusations de complot furent portées contre des escrocs de la finance tels que Bernard Madoff ou Jeffrey Skilling. Et quand un juge les condamne pour « complot » avec de lourdes peines, il est rare que des journalistes crient soudainement à la théorie du complot contre ces juges ou

5 À titre d'exemple, l'article 412-2 du Code pénal français : « Constitue un complot la résolution arrêtée entre plusieurs personnes de commettre un attentat lorsque cette résolution est concrétisée par un ou plusieurs actes matériels. Le complot est puni de dix ans d'emprisonnement et de 150 000 euros d'amende. »

les soupçonnent de délires paranoïaques. Dans ces moments, notre société recourt au terme « complot » d'une manière tout à fait indiquée. De même dans le domaine politique, on s'intéressera aux complots des élus les plus ouvertement corrompus, par exemple au Québec l'ex-maire de la ville de Laval, Gilles Vaillancourt, condamné sous ce chef d'accusation. Il y a donc indéniablement des complots au moins du point de vue du droit.

Ensuite, on peut citer une approche critique du complot. L'historien Marc Nichanian s'est intéressé à la question des génocides au XXe siècle. Pour protéger les victimes indirectes de telles catastrophes face à des négationnistes qui les humilient, en les contraignant à prouver continuellement la véracité du tort extrême qu'elles ont subi, il souhaite que le génocide soit qualifié de complot dûment inscrit dans la loi. D'ailleurs, le terme « complot » revient à l'étymologie, au fait que le *plot* renvoie à la notion d'« intrigue ». Le complot s'impose en ce sens comme une intrigue commune qu'une collectivité se donne. Il désigne alors l'intrigue qu'on se donne en partage. Puisque les génocides ont pour caractéristiques de gommer trop souvent leurs traces, de contraindre les victimes à l'administration de la preuve, la notion vient en certaines situations ultimes sceller la question et nous amener à consentir à son énoncé d'ensemble. Tel est un autre sens – tout autre – acceptable du terme.

Il est d'autres moments où la critique engage la notion de complot pour penser le réel à bon droit. À l'idée qu'il y a des complots partout, il serait insensé d'opposer celle voulant qu'il n'y en ait nulle part. Est-ce si insensé d'avancer, sur un plan industriel, qu'une firme comme Monsanto se trouve engagée dans un complot contre les agriculteurs du monde ? Quand on en est à imposer, par toutes sortes de stratagèmes juridiques et de tactiques concurrentielles, des semences qui ne peuvent pas se reproduire elles-mêmes et qui rendent les agriculteurs dépendants du fournisseur, quand on crée des semences qui produisent à la condition de tuer tout ce que contient un sol, n'est-on pas là confronté à une histoire qui paraîtrait invraisemblable si elle n'avait pas été corroborée par de nombreuses sources crédibles ?

Troisièmement, le complot peut être froidement analysé comme une méthode de gouvernement, ainsi que le fait patiemment Alaa El Aswany dans son essai *Le syndrome de la dictature.* Partant des « Protocoles des sages de Sion », un faux vulgaire ayant abondamment servi différents régimes antisémites dans l'histoire, on est à même de repérer les façons qu'ont les pouvoirs politiques de structurer leur discours pour faire reposer leurs politiques sur des adversaires mythifiés. Il n'est pas difficile de reconnaître les régimes occidentaux dans la façon dont les pouvoirs « absolutistes » se construisent des adversaires pour régner :

les communistes, Saddam Hussein et ses prétendues « armes de destruction massive », les terroristes musulmans, les immigrants, même un virus auquel on fait « la guerre »... Les puissants peuvent ainsi réduire à une part indigne et méprisante toute opposition ou altérité, semer la terreur au sein de leur population quant aux sombres desseins prêtés à ces opposants, se dégager de toute responsabilité en attribuant la responsabilité de toute faute aux sombres machinations de l'ennemi et justifier la répression envers ces adversaires qu'on a tôt fait de déshumaniser complètement[6]. Les États-Unis constituent depuis longtemps un important laboratoire politique de ce type de procédés[7].

Quatrièmement, dans ce contexte, le complot apparaît dans sa dimension strictement polémique. Retournée, elle permet d'accuser de complotisme toute personne qui ne pense pas conformément aux attentes du régime. Pour l'idéologie, on peut y voir une sorte d'immunité. « Vous délirez, vous êtes paranoïaque. Vous voyez des complots partout. » Charles Pasqua, politique français impliqué à son époque dans moult affaires mafieuses, n'hésitait pas à jouer cette carte

---

6 Alaa El Aswany, « La théorie du complot », dans *Le syndrome de la dictature,* Arles, Actes Sud, 2020 [2019].

7 Thomas Frank, « Paranoïas américaines, le legs de l'ère Trump », *Le Monde diplomatique,* février 2021, p. 1, 8 et 9 ; et Serge Halimi et Pierre Rimbert, « Comment Donald Trump et les médias ont ravagé la vie publique », *Le Monde diplomatique,* mars 2021, p. 20-21.

dès lors qu'on le questionnait sur de très nombreuses affaires judiciaires qui le concernaient. Cet acte rhétorique se réactive dès lors qu'on doute d'un discours officiel, que ce soit sur les événements historiques du 11 septembre 2001, le bien-fondé des politiques sanitaires en temps de COVID-19, la complicité occidentale dans le maintien d'Haïti au rang de narco-État... Très rapidement, la notion de complot survient comme un passe-partout servant à verrouiller toute critique, même la plus fondée.

Enfin, arrivons-en à la notion de complot devenue si couramment synonyme d'un grand délire paranoïaque, d'une manifestation pathologique. On en parle souvent alors comme du fait de « théories », ce qui trahit une bien faible connaissance de ce en quoi consiste la science. Tout discours ou tout amalgame d'indices ne fait pas encore une théorie, et c'est pourtant sur ce mot si mal compris par ceux qui y recourent abondamment que repose la dénonciation. Soutenir une théorie du complot, c'est donc échafauder une construction discursive prétendant démontrer la réalité d'une cause et une responsabilité claires à des problèmes importants. S'ils ne sont pas tous des complots et si certaines hypothèses sont rapidement qualifiées de complotistes pour les raisons polémiques évoquées précédemment, d'autres sont incontestablement embarrassantes pour ceux qui les alimentent. Ces discours ont pour caractéristique principale de comprimer dans une explication simple toute réalité complexe. Or, le monde reste complexe. Il est extrêmement difficile aujourd'hui de savoir vraiment qui décide, qui est souverain, qui tient les rênes, qui porte la responsabilité de telle ou telle situation. Dès lors, on se rend compte du caractère pervers de l'ordre dans lequel on est, au sens où les ayants droit du pouvoir cherchent de moins en moins, en droit, à engager leurs responsabilités. La simple qualification de société « à responsabilité limitée » dans notre droit témoigne de cette situation. Les entités privées très puissantes cherchent moins à contrôler le monde qu'à se doter de suffisamment de leviers pour tirer parti de toutes conjonctures, quelle que soit leur évolution. Dans un ordre aux contours si difficiles à cerner et aux réalités tellement indéchiffrables, le discours du complot surgit comme une injonction faite au réel de se clarifier. Comme si subir un tort était plus aisé lorsqu'une dictature tapageuse l'inflige, plutôt qu'un ordre pervers diffusant comme un gaz sa responsabilité.

Alors, la « théorie » du complot consiste à remplir le vide, coûte que coûte, en se satisfaisant de n'importe quel élément de réponse : Ah ! ce sont les Britanniques, ce sont les 200 familles juives, c'est la CIA, ce sont les Illuminati, c'est je ne sais trop qui – vite une réponse parce que la question est insupportable. Qu'il y ait question est insupportable. Qu'il y ait doute est insupportable. Affabuler une réponse plutôt que de soutenir l'ouverture béante de la question, comme s'il s'agissait d'une plaie.

Dans ce contexte, le discours du complot se présente comme une pensée critique dépourvue de sa part de doute. La pensée complotiste entendue en ce sens est une pensée critique précipitée. C'est une pensée critique pleine de prothèses, qui calfeutre continuellement ses failles, qui sature les ouvertures, qui ne supporte pas, donc, l'interrogation travaillant la pensée. Tonitruante, assourdissante, stridente, cette caricature de discours nuit à la critique parce qu'elle déteint sur elle. Les polémistes ont beau jeu ensuite d'assimiler les deux catégories discursives.

Sur le mode pessimiste, ces affabulations justifient le fatalisme – que faire face à des banquiers si puissants et face à des castes depuis si longtemps établies ? Sur le mode optimiste, il s'agit d'investir une grande idée délirante d'ordre théologique et salvatrice afin de présenter, en regard de cette perspective, les trublions qui s'excitent comme des gens de peu de foi. Sur le mode aveuglément haineux, et souvent raciste, l'approche consiste à identifier les boucs émissaires qu'il faudra arracher au corps social comme une tumeur pour que celui-ci retrouve la santé. Ces trois modes ont un avantage ; ils épargnent à leurs sujets de s'engager politiquement dans les affaires complexes du monde.

Sur un plan politique, on reconnaît une tension entre l'approche critique et la pensée paranoïaque du complot. La gauche radicale et écologiste ne se satisfait pas de boucs émissaires, elle engage la pensée et la citoyenneté dans une voie historique faisant appel au sens des responsabilités et au courage. Revoir en profondeur les politiques publiques, orienter les sociétés selon de nouvelles finalités, le faire parfois au détriment de son confort : les modalités d'organisation collective impliquent infiniment les citoyens. La droite xénophobe ou raciste, au contraire, se berce d'idées paresseuses : au fond, tout va bien, tout devrait aller bien. Tout irait bien si nous n'étions qu'entre nous-mêmes. Mais nous nous trouvons en quelque sorte parasités par des éléments étrangers, corrompus par des éléments autres. Tout ce qu'il nous reste à faire est de nous débarrasser de ce qui nous corrompt et de ce qui nous parasite. Et dès lors que nous aurons recouvré notre pureté et fait de nouveau un avec nous-mêmes, nous pourrons enfin sombrer dans le sommeil de l'unicité et dans le formol du même jusqu'à la nuit des temps. Cette manifestation de la pulsion de mort hallucine l'altérité comme ce qui corrompt une réalité une.

L'oracle scientifique

Le traitement de l'information auquel on a eu droit dans le cadre de l'éclosion mondiale de la COVID-19 s'est exposé comme un exemple parfait du cadrage idéologique. D'abord restreindre la pensée à de rares variables telles que le nombre de cas, le taux d'occupation des hôpitaux, le quantum de gens vaccinés et l'impact de la crise sur les données économétriques. Ensuite, établir une perspective de « retour à la normale » comme si aucune leçon de fond ne devait être tirée de la crise. Puis, gommer les contradictions flagrantes qui sont apparues au grand jour en rabotant de très saillantes aspérités : faire passer les États pour les défenseurs d'une santé publique dont ils n'ont cure en règle générale, ou les pharmaceutiques pour des agents désintéressés de la cause sociale. Là, naturaliser le tout pour que ce corpus misérable soit la seule marotte à laquelle on ait droit, les médias établis se permettant d'arbitrer des débats entre les discours de scientifiques auxquels ils ne comprennent rien, au profit des experts cooptés et au détriment des scientifiques estampillés comme errants. Enfin, légitimer et consolider les pouvoirs établis dans les sphères privées et publiques à travers l'exercice.

Le cadre

« La » science est venue ici donner au cadre la rigidité qui lui était indispensable pour coordonner les faits et gestes de populations entières. Pourtant, c'est aussi en son nom que se sont développés plusieurs discours autres, rendus dissidents par ce processus.

Carole Xavier, médecin spécialiste en pathologie dans l'Outaouais, non vaccinée, dit ne pas se laisser persuader de la nécessité de viser la vaccination de 100 % de la population, ni croire en l'efficacité du vaccin lui-même étant donné sa nature spécifique, ni même être certaine de son innocuité à long terme[1]. Flanquée de collègues, elle a affirmé en conférence de presse que les médecins qui se distancient de l'idéologie soutenue abusivement au nom de « la » science sont généralement « ostracisés ». Comme pour lui donner raison, en arbitrant un débat entre scientifiques alors qu'aucune compétence ne l'y autorise, Radio-Canada a tenté de discréditer absolument toutes les données avancées lors de cette conférence de presse, au prétexte qu'elle

1 Collectif Reinfo Covid, « Questionner, comprendre, agir », conférence de presse, 3 novembre 2021 ; et Éric Martel, « Cette médecin est non vaccinée contre la COVID-19. Voici pourquoi », *Métro*, 21 novembre 2021.

ait « également donné lieu à des déclarations fausses ou trompeuses sur les vaccins[2] ». Pourtant, l'adverbe « également » entamant cette citation témoigne du caractère relatif de ces réfutations, elles-mêmes discutables, les seules auxquelles le public aura droit. Les intervenants étaient tous des spécialistes du domaine de la santé, mais insidieusement, Radio-Canada a glissé que ceux-ci « se disent » tels, comme s'ils abusaient de leurs titres alors que ces titres sont, eux, bel et bien vérifiables.

Pour sa part, *Le Devoir* s'est cannibalisé en humiliant publiquement une chroniqueuse renommée qui s'était risquée hors des sentiers battus sans suffisamment de précautions théoriques, au point de la pousser vers la sortie[3].

Les grands médias d'information se sont montrés viscéralement incapables d'organiser un débat public soutenu entre scientifiques, en suspendant leur jugement pour laisser libre cours à la discussion[4]. Ils ont préféré servir de courroies de transmission aux politiques gouvernementales et à des experts spécifiques. Ce point de vue méritait bien sûr d'être relayé, en

---

2 Nicholas De Rosa, « Une conférence de presse virale présente des informations trompeuses sur les vaccins », Radio-Canada, 13 novembre 2021.

3 Marie-Andrée Chouinard, « Mise au point », *Le Devoir*, 28 janvier 2022 ; Francine Pelletier, « La pandémie revue et corrigée », *Le Devoir*, 26 janvier 2022.

4 Olivier Fournout, « Controverses sur le Covid-19 : stop ou encore ? », *Atlantico*, 8 octobre 2020.

priorité de surcroît, mais pas exclusivement. Or, seule une attitude agnostique de leur part aurait permis de placer les citoyens dans la position d'entendre et de penser, en les révélant à eux-mêmes dans leur propre incapacité à juger de la situation en toute dernière instance, plutôt que de les enjoindre à croire comme le voulaient les autorités et d'agir comme le souhaitaient les pharmaceutiques. Pour mieux croire, un adage pascalien résonna plutôt : « Abêtissez-vous ! »

La naturalisation

On pourrait penser que la stupeur, l'aliénation ou l'incompétence ont entraîné l'aval des médias face à ce discours unique. Pourtant, les dispositions critiques qui semblent leur manquer cruellement devant la manifestation de force politique de l'appareil technomédical, voilà qu'ils les mobilisent aisément lorsque vient l'heure de discréditer, avant même de nous permettre de les entendre, tout scientifique s'éloignant de l'orthodoxie. Geert Vanden Bossche, virologue de son métier ayant travaillé autant pour des sociétés pharmaceutiques que pour des organisations de santé publique, sera soumis à ce quadrillage de critères dès lors qu'il osera remettre en doute la pertinence des politiques publiques. Son argumentaire : les vaccins, auxquels il croit dans une mesure pertinente puisqu'il a contribué à en produire, sont indiqués en amont des crises et non pendant celles-ci, ils suppléent au système immunitaire inné des gens et à sa capacité à s'adapter aux nouvelles maladies, enfin ils favorisent actuellement les formes mutantes du virus. Ce dernier point est crucial selon lui : face à un virus mutant, le vaccin favorise les formes qui ont su déjouer la défense immunitaire au point où celles-ci vont proliférer beaucoup plus que dans un contexte où le système immunitaire des membres d'une communauté aura appris à le combattre. Pour lui, cette discussion n'a pas lieu publiquement, et les « experts » qui parlent au nom de « la » science ne lui semblent pas davantage rigoureux que les politiques. Il rejoint en cela Normand Mousseau, un professeur de physique qui n'est certes pas expert en santé publique, mais qui se formalise de la façon dont on use des modélisations scientifiques pour administrer des remèdes de cheval à des populations entières, plutôt que de cibler rigoureusement les sujets à risque[5], comme on l'a fait jusqu'à maintenant en ce qui concerne la grippe.

Mais cela, on ne peut pas l'entendre, car les médias présentent les hétérodoxes seulement pour leur opposer un démenti. C'est alors contre eux qu'ils mobilisent tout l'appareillage critique qu'on s'attendait à retrouver pour traiter des mastodontes comme Pfizer. Le

---

5 Normand Mousseau, *Pandémie, quand la raison tombe malade*, Montréal, Boréal, 2020.

virologue Geert Vanden Bossche, donc, ne serait pas si « indépendant » qu'il le dit, car il aurait de menus intérêts dans une forme qui promeut l'alternative médicale en laquelle il dit croire ; son dernier article date de 1995 ; il est complètement isolé... Bref, *méfiez-vous de cet escroc,* nous disent à l'unisson les médias traditionnels, dont certains dans des rubriques directement financées par l'État, à notre insu[6]. Si ces critères sont de la première importance, quid alors du dossier judiciaire de Pfizer ? Quid des sommes pharaoniques qu'engrangent ses actionnaires dans le contexte des campagnes vaccinales ? Quid des dernières publications scientifiques de tous ces « experts » et bons médecins qu'on invite sur les plateaux pour y crier « vaccins, vaccins, vaccins » ? Quid de ces statistiques impressionnantes qui ne veulent rien dire, comme ces manchettes sur le nombre de dizaines de milliers de gens atteints d'un variant qui ne consiste en rien de plus pour l'immense majorité d'entre eux qu'une grippe ? Et quid de la caution des revues scientifiques pourtant largement entamée par les pratiques frauduleuses qui

---

6 Pierre Sormany, « La vaccination fait apparaître des virus plus dangereux ? Faux », *Agence Science-Presse,* 31 mars 2021, article repris tel quel par les autorités publiques, qui déclarent financer cet organe de presse : « La vaccination fait apparaître des virus plus dangereux ? Faux », Scientifique en chef, Gouvernement du Québec, 1er avril 2021.

y sévissent sous la forme de conflits d'intérêts[7] ? Les médias qui nous enjoignent aujourd'hui de croire les yeux fermés en la science institutionnelle sont pourtant les mêmes qui nous la présentent couramment comme étant gangrenée par les pouvoirs de l'argent[8].

Au final, le nombre de médecins, virologues et épidémiologues que les médias rejettent sur la place publique comme des électrons libres, isolés, voire fous, se comptent tellement nombreux qu'on finit par y voir par la négative l'effet d'une communauté. Les noms de Louis Fouché[9], René Lavigueur[10] et Robert Malone[11] figurent désormais littéralement sur des listes noires[12]

---

7 Brian C. Martinson, Melissa S. Anderson et Raymond de Vries « Scientists Behaving Badly », *Nature,* vol. 435, nº 7043, 9 juin 2005, p. 737-738. Lire aussi : Chris Hedges, *L'empire de l'illusion. La mort de la culture et le triomphe du spectacle,* Montréal, Lux, coll. « Futur proche », 2012 [2009] ; Vincent Lucchese, « Peut-on encore se fier aux études scientifiques ? », *Usbek & Rica,* 7 janvier 2018 ; et Marie-Monique Robin, *Le monde selon Monsanto. De la dioxine aux OGM, une multinationale qui vous veut du bien,* Issy-les-Moulineaux/Paris, Arte / La Découverte, coll. « Cahiers libres », 2008.

8 Entre mille sources, Pierre Barthélémy, « La fraude scientifique est plus répandue qu'on le croit », *Le Monde,* 3 octobre 2012 ; ou Alex Gillis, « Le cancer qui ronge la science », *L'Actualité,* 6 novembre 2019.

9 William Audureau, « Les paradoxes de Louis Fouché, le docteur antivax », *Le Monde,* 8 juin 2021.

10 Nicholas De Rosa, « La désinformation d'un médecin de famille, au-delà d'une lettre ouverte », Radio-Canada, 30 octobre 2021.

11 Tom Bartlett, « The Vaccine Scientist Spreading Vaccine Misinformation », *The Atlantic,* 12 août 2021.

12 Jeff Yates *et al.*, « Voici la désinformation qui circule à propos de la COVID-19 », Radio-Canada, 26 mars 2020.

qui vont tellement en s'amplifiant, au milieu de rares reportages honnêtes[13], qu'elles témoignent en elles-mêmes d'un effet de censure. Et ce, aux côtés d'un Geert Vanden Bossche[14] qu'on dit isolé, alors même que plusieurs de ses collègues expliquent publiquement pourquoi, dans l'esprit de sa démarche, ils ne se font pas vacciner eux non plus[15].

La méthode fait recette, toutefois. Le moindre soupçon d'un spécialiste divergent de l'orthodoxie lui vaut une fronde médiatique. Ce phénomène inhibant concourt lui-même évidemment à la diminution de témoignages, lesquels restent tout de même nombreux dans le contexte. L'effet de censure se trahit dans la réfutation tapageuse et absolue de tout ce qui n'est pas conforme à l'orthodoxie. Ainsi, pendant deux ans, aucune parole dissidente qui s'est exprimée depuis le champ concerné de la science n'a trouvé grâce aux yeux

---

13 Stéphane Long, « Les médecins réfractaires à la vaccination anti-Covid, votre coup de gueule 2021 », *Le Quotidien du médecin,* 30 décembre 2021.

14 « Interview Geert Vanden Bossche », entretien, *BAM! Belgian Alternative Media,* 21 décembre 2021.

15 Soit Dre Anne De Clerck, Dr Bart Lambert, Dr Dirk Bultinck, Dr Eric Beeth, Dre Gaëtane Beeckaert, Dr Geert Verhelst, Dre Hilde De Smet, Dr Jean-Luc Vanderlinden, Dr Johan Denis, Dr Leo Van den Bossche, Dr Pieter Lanoye et Dr Steven Devos, qui ont signé « Ce vaccin est-il nécessaire, sécure et efficient ? Fiche d'information vaccination contre Covid-19 », janvier 2021.

des grands médias. Elles ont été réfutées en bloc sur le mode du *tout est faux*.

La procédure est connue. La chroniqueuse Josée Blanchette, qui a eu l'odieux en 2016 de soulever des doutes sur les traitements courants contre les cancers, avait essuyé une même fronde médiatique de la part de la médecine officielle. En moins de vingt-quatre heures, la Zamboni était passée et plus rien ne subsistait de ses objections, pourtant documentées. S'ils ne sont pas tout bonnement des courroies de transmission de la propagande, les titulaires de fonctions médiatiques peinent souvent les premiers à soutenir le doute. Les apories et l'*épochè*, soit les problèmes face auxquels on ne dispose pas immédiatement de solutions, de même que les raisonnements qui se maintiennent un temps en suspens sans réponse, apparaissent à la culture médiatique pratiquement comme un scandale. Pourtant, sans une forme d'agnosticisme étendu aux savoirs, par lequel douter ultimement de vérités auxquelles prétend « la » science, il devient impossible de voir en la corporation des scientifiques non pas seulement des artisans de la connaissance, mais aussi, d'un point de vue sociologique, des agents de pouvoir. Michel Foucault ne cède pas à la paranoïa lorsqu'il traite du pouvoir en ce qui concerne la corporation médicale, tout en lui livrant néanmoins une critique percutante. Dans un texte mesuré datant de 1976, « Crise de la médecine ou crise de l'antimédecine », il décline les nombreuses fonctions administratives que la médecine s'est données en ce qui concerne la gestion générale des corps, l'alimentation, la normalisation et la santé mentale, le droit et ses procédures judiciaires, tout en constituant un très important vecteur financier. « Affirmer que la médecine ne doit pas être rejetée ni adoptée comme telle, que la médecine fait partie d'un système historique, qu'elle n'est pas une science pure, qu'elle fait partie d'un système économique et d'un système de pouvoir[16] », c'est ce dont les grands médias traditionnels occidentaux se sont montrés absolument incapables.

C'est pourquoi, par exemple, aucun débat sérieux n'a été possible sur le recours à l'ivermectine. Ce médicament antiparasitaire déjà existant est défendu par suffisamment de médecins compétents pour mériter l'attention. Dans un témoignage au parlement du Grand-Duché du Luxembourg[17], le médecin Christian Perronne s'est dit partisan de son utilisation, lui qui a longtemps conseillé le gouvernement français en matière de vaccination tout en travaillant sur ce thème au sein de l'Organisation mondiale de la santé (OMS). Ceux qui décrient cette option dénoncent

---

16 Michel Foucault, « Crise de la médecine ou crise de l'antimédecine » [1976], dans *Dits et écrits. 1954-1988*, t. 3, *1976-1979*, Paris, Gallimard, coll. « Bibliothèque des sciences humaines », 1994, p. 57-58.

17 Elsa de La Roche Saint-André, « Dans quel cadre les figures antivax Perronne, Montagnier ou Henrion-Caude ont-elles été reçues au Parlement du Luxembourg ? », *Libération*, 20 janvier 2022.

principalement l'insuffisance de preuves concernant son efficacité alléguée. *Le Monde* en a fait sérieusement état[18], mais rares sont les articles qui en traitent de manière dépassionnée.

Cette obéissance à l'autorité qu'incarnent les experts à sarrau rappelle l'expérience célèbre de Stanley Milgram, laquelle testait la capacité de quidams à se révéler les bourreaux d'une victime innocente sitôt que la responsabilité de leur acte était prise par une figure du pouvoir scientifique[19]. Mais la violence en jeu est cette fois retournée collectivement contre nous. Sans plus réfléchir et en gobant une propagande que nous souhaitons toujours plus intense pour faire céder les plus récalcitrants d'entre nous, nous nous administrons des peines de manière irréfléchie.

Comme l'affirme si justement la médecin Alice Desbiolles[20], c'est la « morale » qui prime – voici ce que vous devez faire, voici les bons experts, voici les mauvais... – et non l'« éthique », à savoir un discours

---

18 Bessma Sikouk et Assma Maad, « L'ivermectine, traitement miracle contre le Covid-19 ou mirage thérapeutique ? », *Le Monde,* 13 avril 2021. Lire aussi : Institut Pasteur, « L'ivermectine atténue les symptômes de la Covid-19 dans un modèle animal », communiqué de presse, 12 juillet 2021.

19 Voir aussi la représentation qu'en a faite le réalisateur Henri Verneuil, *I... comme Icare,* Antenne 2 / V Films, 1979, 122 min.

20 « "Il faut arrêter de se focaliser sur les contaminations", insiste une épidémiologiste », entretien d'Alice Desbiolles accordée à Sonia Mabrouk, Europe 1, 5 janvier 2022.

fondé sur la compréhension et le consentement, dans un contexte de réflexion minimalement serein.

Il n'y a aucun problème à admettre et à suivre les directives officielles, mais il y en a un si c'est fait strictement dans la peur et la coercition. Tout comme douter de la pertinence de ces directives ne devrait pas gêner, du moment qu'on le fait autrement que dans la colère et le ressentiment.

Mais le climat délétère nous éloigne de cet espace mental pourtant si précieux, et nuit à la pensée. Baltasar Gracián, au milieu du XVIIe siècle :

> Que fais-tu ? À qui tu t'en prends ? Ne vois-tu pas que tu te déclares contre la Fausseté, c'est-à-dire contre tout le monde, et qu'on va te prendre pour un fou à défendre l'autre, la Vérité ? Les enfants et les fous ont déjà voulu venger cette dernière en la faisant sortir de leur bouche, mais, trop faibles contre tant d'adversaires si puissants, ils n'ont rien pu faire : la Vérité, toute belle qu'elle soit, est depuis restée abandonnée. Et lentement, on l'a poussée et repoussée au loin, si bien qu'aujourd'hui elle n'ose paraître et nul ne sait où elle a pu trouver refuge[21].

Ici, la vérité, c'est que nous sommes ultimement tous dans l'ignorance, à un titre ou à un autre, et qu'à

21 Baltasar Gracián, *Le criticon*, Paris, Seuil, 2008 [1651, 1653 et 1657], p. 114.

l'accepter, du moment que les orgueils sont apaisés, nous pouvons, à coups d'hypothèses réfléchies, tâtonner de manière plus intelligente.

Les contradictions

Pour maintenir la pression sur l'opinion et conférer un semblant de cohérence à des contradictions qui foisonnent, il faudra mobiliser énormément d'énergie.

N'est-ce pas faire preuve de restriction mentale que d'occulter l'enjeu lucratif que représente la production et la distribution de vaccins pour les pharmaceutiques ? Pfizer a brassé un chiffre d'affaires de 36 milliards de dollars en 2021 et, au premier jour de cette année, son carnet de commandes représentait déjà un montant presque équivalent[22]. La rhétorique voulant que toujours plus de vaccins soient un gage de renforcement du système immunitaire est au moins partiellement intéressée. Elle est aussi hautement contestable du point de vue de la science[23], même du point de vue de l'OMS[24]. Faire d'une société comme Pfizer une instance plénipotentiaire a aussi quelque chose de

---

22 Zeliha Chaffin, « Covid-19 : comment Pfizer a remporté la bataille des laboratoires », *Le Monde,* 1er janvier 2022 ; et Rozenn Le Saint, « Le vaccin de Pfizer, une machine à profits démesurés », *Mediapart,* 2 février 2022.

23 Isabelle Paré, « On court derrière un train qui va plus vite que nous », *Le Devoir,* 14 janvier 2022.

24 Nathaniel Herzberg, « Vaccins contre le Covid-19 : faudra-t-il une quatrième dose ? », *Le Monde,* 13 janvier 2022.

choquant intellectuellement. Comme en atteste son très lourd dossier juridique, une firme comme celle-là est représentée depuis des décennies par des menteurs compulsifs multirécidivistes[25].

Le régime se résigne à reconnaître que la seule donnée qui importe est celle du taux d'hospitalisation et celui de la mise à l'écart du personnel soignant[26], car le réseau est débordé. Mais ne l'était-il pas déjà en début d'année 2020 ? Comment se fait-il qu'un grand pays riche ne soit pas à même de se donner des institutions de santé capables de parer au pire et d'entrevoir les imprévus ? Les finances publiques le permettaient-elles ? Et dans le cas contraire, cela ne s'explique-t-il pas par les largesses fiscales que l'État accorde aux grandes entreprises qui souffrent précisément le moins aujourd'hui de cette crise sociale ? Sans parler d'un accès légalisé aux paradis fiscaux qui privent annuellement l'État de plusieurs milliards de dollars en impôts ?

En outre – il s'agit là d'une rare contradiction qui a eu sporadiquement droit de cité –, si les vaccins se

---

25 « Joe Rogan New Year's Eve Tutorial on Corporate Crime in the Pharmaceutical Industry », *Corporate Crime Reporter*, 31 décembre 2021 ; et « Pfizer est l'entreprise la plus condamnée au monde dans le domaine de la santé », *La Relève et La Peste*, 16 décembre 2021.

26 « Sans données fiables sur la COVID-19, le Canada navigue à l'aveugle, selon des experts », Radio-Canada, 5 janvier 2022.

révèlent en effet la panacée, et qu'ils sont distribués au nom de la santé publique, ne devrait-on pas outrepasser la question des brevets et vacciner en priorité les populations du Sud, plutôt que d'exhorter la population occidentale à subir des troisième et quatrième doses ? D'autant plus que certains variants proviennent parfois de populations que les puissances publiques occidentales marginalisent massivement[27]. De ce point de vue provaccin, Nimâ Machouf, spécialiste en épidémiologie des maladies infectieuses, résume :

> [O] n aura financé publiquement le développement d'un vaccin contre une menace mortelle, réuni des chercheurs et chercheuses de partout dans le monde pour tirer profit de l'intelligence collective et réalisé une avancée scientifique majeure en un temps record. Tout ça, pour ensuite céder cette découverte collective à des firmes pharmaceutiques privées chargées de la production et de la distribution, tout en permettant à celles-ci de verser des dividendes astronomiques à quelques poignées d'actionnaires. Du même coup, la loi du marché a permis aux pays les plus forts d'accumuler les doses pendant que la majorité des pays sont contraints de quêter des vaccins en nombre de toute manière insuffisant. Pire, cette logique honteuse vient anéantir nos chances

27 « Covid-19 : quel est le nouveau variant apparu en Afrique du Sud ? », TV5 Monde, 26 novembre 2021.

> de parvenir à l'objectif initial : éliminer un virus qui nous menace[28].

La notion de science est alors dévoyée pour couvrir de vertu une synthèse bâtarde élaborée à partir d'arbitrages précipités entre la bien réelle expertise gouvernementale, des lobbies de tous genres et les politiques soucieux d'enjeux partisans.

La perspective

Nous semblons collectivement incapables d'assumer sérieusement ces débats. Que nous promet l'oracle médiatique ? Qu'à la « crise » faite de statistiques épidémiologiques et économétriques s'oppose le mantra du « Ça va bien aller » en vue d'un « retour à la normale ». Cette perspective a beau apparaître comme un inaccessible horizon d'attente, c'est mécaniquement à lui qu'on revient, impuissants que nous restons à penser sérieusement l'avenir.

Ce retour à la « normale » (en réalité : l'« anormal ») marquera la relance en force du régime qui a provoqué la crise. Le tourisme de masse, la production à tout prix

---

28 Nimâ Machouf, « Omicron et troisième dose : symbole d'une stratégie à courte vue », *La Presse,* 29 décembre 2021. Lire aussi *Une double dose d'inégalité. Les laboratoires pharmaceutiques et la crise des vaccins contre le Covid-19,* Londres, Amnesty international, 2021 ; et entendre Joanne Liu, entrevue accordée à Maxime Coutié, *Tout un matin,* Radio-Canada, 3 janvier 2022.

et la consommation irresponsable de n'importe quoi qui s'achète et se vend, la destruction subséquente des écosystèmes et l'épuisement des richesses naturelles poursuivront une histoire à nulle autre pareille destructrice. Jamais n'a-t-on été aussi peu guidé par des institutions de la conscience qui nous permettent de penser quelque peu posément des phénomènes comme la mort, le renoncement, la privation, la retenue, la modestie. Ne plus pouvoir jouir de tout, tous azimuts, provoque des angoisses pires encore que la perspective d'une économie culturelle et psychique structurant le désir.

Le développement toujours plus ramifié du complexe industriel mondial, l'ouverture des marchés mondiaux aux vastes sites de production agricole sur le mode de la monoculture, le tourisme de masse ainsi que la perte de biodiversité continueront de favoriser de nouvelles épidémies.

Parce que rien ne change fondamentalement, tout s'aggrave, car rester les mêmes et revenir au même ne signifie pas l'immobilisme ni le statu quo. Le capitalisme marchand et son idéologie délétère promeuvent toujours la croissance et, conséquemment, progressent tout le temps. Continuellement ils s'accentuent et aggravent leurs méfaits de manière exponentielle. En revenant à la normale, on participe donc à cette évolution radicale. Le même, c'est l'approfondissement du gouffre dans lequel on s'enferme.

Permettre le débat

> La réalisation de la bienfaisance vise la recherche de la santé et du bien-être de la population par l'utilisation des meilleures pratiques et données disponibles. [...] En gestion du risque, la prudence s'applique dans des situations d'incertitude scientifique, où il n'est pas possible d'asseoir les actions de santé publique sur des données probantes qui atteignent les standards scientifiques habituels. [...] Les différents risques ou inconvénients possibles d'une mesure de santé publique ne devraient pas être hors de proportion par rapport à l'ampleur du problème qu'elle participe à résoudre ou par rapport aux bénéfices attendus. [...] Les données probantes permettent aux décideurs d'orienter les actions et d'en anticiper les conséquences, de prendre des décisions éclairées. Elles ont toutefois un caractère relativement incertain : toutes ne sont pas irréfutables. Certaines peuvent être sujettes à l'invalidation par des expériences futures, alors que d'autres perdurent en tant que références pouvant fonder solidement l'action. [...] Une décision justifiable à un moment précis peut se révéler inadéquate en fonction de l'évolution de la situation. [...] La référence à « la science » ne peut être présentée comme source unique des décisions de santé publique, sans que soient indiquées en parallèle les principales zones d'incertitude.

Ce ne sont pas des conspirationnistes ou des militants réfractaires à tous vaccins qui énoncent ces principes, mais les éthiciens dûment mandatés par le gouvernement du Québec[29]. Ils rappellent combien les décisions politiques en matière de santé publique reposent sur des connaissances très souvent parcellaires. Ces principes énoncés en début de crise valaient encore au moment où se sont imposés les programmes de vaccination à grande échelle.

Dans le travail qu'ont mené Raphaëlle Bacqué et Philippe Kohly sur la fonction de premier ministre en France, il s'est révélé que les questions de vaccination fondent les dilemmes les plus douloureux auxquels les hauts responsables politiques sont confrontés. Hormis les vaccins existant de longue date, on est loin des évidences. Lionel Jospin, titulaire de la fonction entre 1997 et 2002, témoigne des questions qui lui échoient alors : « Faut-il ou non maintenir la vaccination obligatoire contre l'hépatite B si elle entraîne parfois un certain nombre de scléroses en plaques ? Deux rationalités s'opposent et aucune des deux ne va disparaître selon la décision que vous prenez[30]. » Si les États ne le

---

29 Michel Désy *et al.*, *Cadre de réflexion sur les enjeux éthiques liés à la pandémie de COVID-19*, Québec, Comité d'éthique de santé publique et Commission de l'éthique en science et en technologie, Gouvernement du Québec, 2020 ; et Michel Désy *et al.*, *Enjeux éthiques de la pandémie de COVID-19 : précaution et déconfinement*, Québec, Comité d'éthique de santé publique et Commission de l'éthique en science et en technologie, Gouvernement du Québec, 2020.

30 Raphaëlle Bacqué, *L'enfer de Matignon. Ce sont eux qui en parlent le mieux*, Paris, Albin Michel, coll. « Documents », 2008, p. 170. Voir aussi

font pas, étant donné leurs fonction et prérogatives qui consistent à trancher, il revient à la presse de faire vivre cette pluralité de rationalités.

Que n'aurait-on pas eu un débat social posé si d'office ces prémisses avaient été clairement exprimées ?

Mais de tout cela il ne fallut pas parler. Coluche : « On ne peut pas dire la vérité à la télé : il y a trop de monde qui regarde. »

Les éthiciens québécois donnent à ces instances publiques des éléments de justification. Ils affirment d'une part que la transparence est requise pour assurer le lien de confiance que la population entretient avec la science et les experts promus par les autorités publiques, mais, en même temps, que cette transparence ne doit porter que sur ce qu'il est « utile » de savoir[31]. Ou ce que le pouvoir juge utile de faire savoir. C'est que, confronté aux citoyens, le pouvoir est face à une double contrainte : pour les uns, divulguer ce qu'il en est des tâtonnements et débats internes propres à « la science » suscite la confiance, car on se sent informé et même engagé dans la réflexion ; pour les autres, trop d'informations serait au contraire source d'angoisse et motif à la désobéissance.

---

la série documentaire de Raphaëlle Bacqué et Philippe Kohly, *L'enfer de Matignon*, Zadig Productions, 2008, 208 min.

31 Désy *et al.*, *Cadre de réflexion sur les enjeux éthiques liés à la pandémie de COVID-19*, *op. cit.*, p. 4.

> La transparence exige une diffusion d'informations détaillées, ce qui implique inévitablement la communication d'incertitudes scientifiques qui perdurent à propos du virus, de son mode de transmission et de l'immunité acquise, mais surtout quant aux risques et aux suites du déconfinement. Pour certaines personnes, la communication des incertitudes contribue à ce qu'elles se fassent une meilleure idée de la situation, ce qui renforce ainsi la confiance qu'elles portent aux autorités de santé publique et aux décideurs. Par contre, la communication des incertitudes peut entraîner chez d'autres personnes une confusion quant aux comportements à adopter en matière de protection de soi et d'autrui, et donc générer de l'anxiété. Dans un souci de non-malfaisance, les informations concernant l'évolution de la pandémie ne devraient être divulguées que si leur diffusion ne risque pas de causer plus de tort que de bien[32].

Cette dernière appréhension aura finalement guidé la communication, jusque dans les médias de référence. Pourquoi tenter d'édifier les citoyens ? Au moins, jadis, les médias se disaient ouvertement médiocres : « *Time* se présente comme s'il avait été écrit par un homme quelconque pour un homme quelconque »,

---

32 Désy *et al.*, *Enjeux éthiques de la pandémie de COVID 19 : précaution et déconfinement*, *op. cit.*, p. 15.

affirmait fièrement le magazine américain dans les années 1960[33].

Il n'empêche, le contexte actuel marque un temps philosophique, où le jugement est suspendu, soit l'*épochè*. Nous ne savons plus qui croire : les grands médias sont trop alignés sur les États, qui sont eux-mêmes engagés dans de nécessaires résolutions programmatiques, sinon soumis à des intérêts, pour organiser un débat sensé entre scientifiques. Les médias d'extrême droite entraînent leur réflexion sur la crise dans une perspective libertarienne. Les groupes de citoyens inquiets font déborder leur inquiétude sur toutes sortes d'allégations parfois pertinentes quoique très graves, mais toujours sujettes à caution. Les scientifiques ne s'entendent pas entre eux sitôt qu'on s'ouvre à leurs réels débats et plusieurs restent notoirement en conflit d'intérêts… Mais que nous ne sachions plus qui croire ne saurait nous plonger dans le désarroi, fût-ce dans une situation historique où il y a des choix à faire. C'est l'étape nécessaire à l'organisation du jugement. On peut certes trancher dans un sens ou dans l'autre nonobstant un certain degré d'incertitude. Le doute n'empêche pas l'action, il l'accompagne.

---

33 Hans Magnus Enzensberger, *Culture ou mise en condition ?*, Paris, Union générale d'édition, coll. « 10-18 », 1973 [1962], p. 96-97.

Élargir le cadre

Si nous étions capables de discussions rigoureuses collectivement, c'est actuellement de l'évolution même de notre mode de vie – cet impensé du régime capitaliste – dont nous débattrions.

Relative à l'écologie, la transmission des virus s'explique aussi par la perte de biodiversité. Ce ne sont pas des complotistes qui l'affirment, mais les scientifiques dûment soutenus par les États au sein de l'onusienne Plateforme intergouvernementale, scientifique et politique sur la biodiversité et les services écosystémiques (IPBES). Ces derniers concluent dans une étude récente que la disparition accélérée des espèces favorise la transmission d'éléments pathogènes des animaux aux humains[34]. Il manque désormais toutes ces formes de vie qui constituaient jadis en chaîne une zone tampon.

Tandis que la plupart de ses collègues relayaient les discours officiels, la journaliste Marie-Monique Robin faisait paraître en ce sens un livre retraçant la liste extraordinairement longue de « zoonoses » ayant secoué l'humanité depuis le début du siècle : syndromes respiratoires aigus sévères (SRAS), fièvres

---

34 Plateforme intergouvernementale scientifique et politique sur la biodiversité et les services écosystémiques (IPBES), « Échapper à l'"ère des pandémies" : les experts mettent en garde contre de pires crises à venir. Options proposées pour réduire les risques », 16 novembre 2020.

hémorragiques de Crimée-Congo et à virus Ebola, fièvre de Lassa, coronavirus MERS-CoV, virus Nipah, grippe aviaire H1N1, fièvre de la vallée du Rift, Zika, chikungunya et COVID-19. *La fabrique des pandémies* de Robin s'arrête sur l'exemple des chauves-souris pour expliquer en quoi nous devenons vulnérables aux maladies animales. Et là encore, notre mode de vie est concerné. Les chauves-souris sont capables de cohabiter avec un nombre impressionnant d'éléments pathogènes. Mais puisque la déforestation et le développement industriel leur font subir un stress sans précédent, voilà qu'elles deviennent sensibles à tous ces parasites et se montrent à leur tour contagieuses, notamment par le biais de leurs déjections. D'autres espèces se révèlent ainsi porteuses de bactéries. Et il suffit que celles-ci affectent des porcs dans un contexte industriel pour que les humains qui les exploitent y passent, cet animal partageant presque l'essentiel de nos caractéristiques génétiques[35].

Il est ainsi annoncé que notre siècle marquera le moment historique d'une « épidémie de pandémies ». L'expression fera date et des historiens l'utiliseront peut-être dans les siècles à venir pour définir les

---

35 Marie-Monique Robin, *La fabrique des pandémies. Préserver la biodiversité, un impératif pour la santé planétaire*, Paris, La Découverte, coll. « Cahiers libres », 2021, p. 14 et 119-122.

premières conséquences de notre irresponsable mode de vie.

La médecin Alice Desbiolles tire de ce fiasco la seule conclusion pertinente : il faut cesser les « activités humaines destructrices que sont la déforestation, le commerce des animaux sauvages, l'érosion et la destruction de la biodiversité [...], l'élevage industriel » dans le contexte de transactions marchandes mondialisées, soit « le cocktail parfait pour des pandémies ». Les politiques de décroissance, comme changement de paradigme, s'imposent à l'entendement, ne serait-ce que sur un mode comptable : il coûte cent fois plus de traiter une pandémie que de la prévenir[36].

Barbara Stiegler, pour sa part, s'est arrêtée sur les considérations de Richard Horton, rédacteur en chef de la revue médicale *The Lancet*, pour qualifier notre situation non pas de pandémie, mais de « syndémie », soit la rencontre entre le virus et certaines pathologies chroniques. Horton lie également le phénomène à un ensemble de facteurs relatifs à notre alimentation et à l'environnement « causé par les inégalités sociales et par la crise écologique entendue au sens large[37] ». Cette analyse permet d'apprécier à quel point la réponse des

---

36 Entretien d'Alice Desbiolles accordée à Sonia Mabrouk, *op. cit.*
37 Richard Horton, « Offline: COVID-19 Is Not a Pandemic », *The Lancet*, vol. 396, nº 10255, septembre 2020, p. 874. Lire à ce propos : Barbara Stiegler, *De la démocratie en pandémie. Santé, recherche, éducation*, Paris, Gallimard, coll. « Tracts », 2021.

autorités publiques reste jusqu'à ce jour improvisée et inadéquate.

La pire chose qui pouvait arriver au moment où les pouvoirs publics ont déclaré la crise sanitaire, c'était que dans les esprits rien ne change. Et rien fondamentalement ne changea. Les crédules restèrent bêtement obéissants, les je-m'en-foutistes indifférents, les atrabilaires haineux, les cupides comptables, les hypocondriaques autoréférentiels tandis que les paranoïaques furent certains de leurs coupables et les bien-pensants de leurs victimes. Tout au plus aperçoit-on maintenant à grands traits, et par un tour parfois intensifié, les caractéristiques de notre temps. Cela vaut pour le traitement de l'information, le productivisme marchand, la technocratie scientifique, les inégalités sociales ou le contrôle des populations.

Un régime permanent d'exception

DEPUIS LE PRINTEMPS 2020, en raison de la crise de la COVID-19, un nombre préoccupant de régimes publics exercent leurs fonctions souveraines à l'extérieur du cadre normatif censé prévaloir en temps « normal ». À la Carl Schmitt, le pouvoir souverain (exécutif en l'espèce) décrète l'état d'exception et agit selon sa seule volonté au nom de l'ensemble de la collectivité. Il s'agit de surcroît d'une philosophie carl-schmittienne d'un type accéléré, comme le veut l'époque, en ce sens que le pouvoir exécutif ne prend plus même le temps de justifier le maintien de l'état exceptionnel qui lui a permis d'assumer l'essentiel des pouvoirs dévolus aux branches législatives et judiciaires de l'État. Le voilà qui, de fait, foule aux pieds les règles principielles et décide de tout arbitrairement, indépendamment des procédures qui devraient le forcer à rendre des comptes. Surtout, il ne se contraint en rien à prévoir un échéancier strict ou des critères clairs en fonction desquels il aurait l'obligation d'abdiquer ces pouvoirs exceptionnels[1].

Bien entendu, aucun droit fondamental individuel n'est absolu. Certaines crises particulières permettent à l'État de « justifier » temporairement des restrictions inconstitutionnelles en temps normal. La crainte concerne la pérennisation des mécanismes justifiant les nombreuses restrictions qui nous ont collectivement été imposées et, du fait qu'on les banalise, la réitération aisée de telles mesures d'exception dans d'autres contextes. Qu'est-ce qui freinera le pouvoir lorsqu'il lui conviendra d'abuser de ses prérogatives à la prochaine occasion – la médicamentation forcée des cas à problèmes à l'école, la surveillance électronique des éléments dits « troubles » de la société… ? La question porte sur l'impact à long terme de ce précédent. La question de ce conditionnement massif ne saurait être abandonnée à une extrême droite libertarienne.

Un nombre extraordinaire d'enjeux se trouvent désormais soumis au seul critère de la lutte contre la COVID-19. Par exemple, la disparition de la monnaie

1 Louis-Philippe Lampron, *Maudites chartes ! 10 ans d'assauts contre la démocratie des droits et libertés,* Montréal, Somme toute, coll. « Manifestement », 2022 ; et « "L'état d'urgence permanent subvertit en profondeur l'Etat de droit" », entretien de Stéphanie Hennette-Vauchez accordé à Anne Chemin, *Le Monde,* 21 janvier 2022.

liquide au profit de l'exclusif paiement électronique[2] ou le contrôle en temps réel de la population par l'État via les téléphones cellulaires[3], voire l'accès à l'assurance-emploi aux seules personnes vaccinées[4].

La désinvolture avec laquelle des parlementaires et des ministres imposent des mesures exceptionnelles, comme s'il s'agissait de simples actes de gestion, pose problème. Ce n'est pas rien : on vient d'entamer en un clin d'œil la notion de secret médical, on somme désormais le moindre acteur de la société civile de s'ériger en police sanitaire de ses semblables, on rend possibles des licenciements découlant de ces formes de contrôle, on improvise des frontières géopolitiques fermes... Voilà que des prestataires travaillant à domicile perdent leur emploi dans certaines législations parce qu'ils n'ont pas reçu deux doses du vaccin, même confinés chez eux...

Tout à fait indépendamment de la position que chacun adopte quant à la pertinence des vaccins et à la gravité effective de la situation sanitaire, les décisions publiques ségréguant certains groupes de la population parce qu'ils sont réfractaires à la vaccination

---

2 Danièle Guinot, « Le Covid-19 pourrait accélérer le déclin de l'argent liquide », *Le Figaro,* 7 avril 2020.

3 Swikar Oli, « Canada's Public Health Agency Admits It Tracked 33 Million Mobile Devices during Lockdown », *National Post,* 24 décembre 2021.

4 La Presse canadienne, « Les non-vaccinés privés d'assurance-emploi tant que la pandémie est au premier plan », Radio-Canada, 30 décembre 2021.

obligatoire finissent par gêner gravement. On ne saurait y assister négligemment. Il s'agit de restrictions sans précédent des droits et libertés (lesquels sont déjà régulièrement moqués). On peut tout à la fois comprendre l'appel pour des actions draconiennes et se formaliser de la façon désinvolte dont les gouvernements s'arrogent soudainement des pouvoirs qu'ils ne devraient jamais avoir sur le temps long d'une crise.

Emmanuel Macron a remis en cause le statut de citoyenneté des personnes qui ne se sont pas fait vacciner[5], ce qui, de la part du premier personnage de l'État, est gravissime : il s'agit de nier à une catégorie de citoyens précisément le statut qui garantit leurs droits. Où mène ce discours d'extrême centre ? En dernière instance, à des abus totalitaires tout à fait spectaculaires, mais que la presse généraliste ne s'embarrasse même plus de rapporter. En tandem, un médecin et un avocat ont ouvertement milité pour qu'on incarcère les non-vaccinés ainsi que ceux qui propageraient ce qu'ils taxent de « désinformation[6] ». Aux Pays-Bas, la police a tiré à balles réelles sur des manifestants s'opposant pacifiquement aux mesures

---

5 Ellen Salvi, « Face aux non-vaccinés, Emmanuel Macron invente la déchéance de citoyenneté », *Mediapart*, 5 janvier 2022.

6 Benjamin Fellous et David Smadja, « "La loi doit sanctionner ceux qui refusent le vaccin et transmettent le virus" : l'appel d'un médecin et d'un avocat », *Le Parisien*, 9 janvier 2022.

sanitaires[7]. Au Canada, les autorités fédérales sont allées jusqu'à déclarer la Loi sur les mesures d'urgence, levant toutes les protections constitutionnelles, pour mettre fin à une manifestation de plusieurs jours dans la capitale d'Ottawa[8]. À la radio d'État, il est courant d'organiser des discussions policées en studio s'enquérant des états d'âme du personnel soignant lorsqu'il lui faut condescendre à traiter des patients non vaccinés, au mépris du serment d'Hippocrate[9]. Dans maints pays du monde, sans tenir compte de l'esprit de leur loi constitutionnelle, les législations tordent leur dispositif réglementaire pour créer de fait deux régimes de citoyens, en rendant les non-vaccinés pratiquement responsables de la crise. Les boucs émissaires resteront des petites gens. Pendant ce temps, encore rien n'est dit sur l'extraordinaire mise en réseau de l'appareil de production mondial (industrie, agriculture, tourisme...) exposant les peuples de manière prévisible à cette épidémie[10].

---

7 « À Rotterdam, la police a tiré à balles réelles lors d'émeutes contre les restrictions sanitaires », Radio télévision suisse (RTS), 20 novembre 2021.

8 « Manifestations et blocage : Ottawa invoque la Loi sur les mesures d'urgence », Radio-Canada, 14 février 2022.

9 Davide Gentile et Daniel Boily, « Le personnel soignant exaspéré des patients COVID non vaccinés », Radio-Canada, 26 août 2021.

10 Vincent Mignerot, « Les pandémies ne sont jamais loin », *Kairos*, nº 23, février-mars 2016.

Le plus choquant, en regard de l'allégresse avec laquelle les autorités publiques et les grands médias maintiennent indéfiniment en place ces politiques d'exception, concerne leur habituelle pusillanimité envers les mastodontes du commerce qui tirent profit de la conjoncture mondiale: les pharmaceutiques bien entendu et les grands détaillants en ligne. Les États n'ont nullement profité du tsunami de fonds publics qu'ils ont octroyés aux sociétés pharmaceutiques pour devenir, par exemple, actionnaires minoritaires de ces groupes, susciter leur fragmentation en raison de principes antitrust, s'assurer qu'elles paient leur juste part d'impôts sans recourir aux paradis fiscaux et imposer qu'elles garantissent un accès aux brevets de façon à en favoriser la production dans les pays du Sud. Rien de bien significatif non plus sur la fameuse taxe de vente que parviennent en très grande partie à éviter les géants du numérique. Ni quelque retour critique sur la façon dont notre régime productiviste et mondialement réseauté, ainsi que le tourisme de masse, favorisent la conjoncture sanitaire dans laquelle nous sommes face aux puissants. L'ultra-permissivité prévaut, d'autant plus qu'ils arrivent à déterritorialiser leur comptabilité et de nombreuses opérations dans les législations de complaisance, grâce notamment à la complicité des États traditionnels.

De plus, aucun tenant du régime idéologique actuel n'a pris la responsabilité du sous-financement chronique du système de santé, central dans la crise. L'état des institutions de santé s'inscrit pourtant au bilan de puissants ayant activement milité pour la transformation de la société selon le modèle de la grande entreprise, l'allègement de la responsabilité fiscale des sociétés et la réduction du rôle social des États. Selon cette logique, il fallait pour l'État le moins possible perturber la marche des affaires permettant aux sociétés de se doter elles aussi d'opulents milliardaires qui allaient créer de la richesse ! On connaît le modèle, dûment enseigné dans des écoles de commerce largement financées par l'État : créer de l'emploi dans des zones franches d'Asie ou d'Amérique centrale où exploiter un prolétariat démuni, écouler de la marchandise en engrangeant de faramineux profits dans les marchés occidentaux et enfin thésauriser au maximum les actifs découlant de telles opérations dans les comptes de structures factices créés dans les paradis fiscaux. Cela explique que, bon an mal an, au Canada par exemple, seulement environ 10 % du Trésor public provient des entreprises, une donnée qui comprend la contribution des PME beaucoup plus captives que les grandes entités, tandis que la majorité des destinations où nos gens d'affaires « investissent » année après année à l'étranger, selon Statistiques Canada, sont des paradis fiscaux.

Il faudra un jour que les États et oligarques qu'ils favorisent assument leur bilan. Il était déjà inadmissible, à l'aube de la situation sanitaire en 2020, que des États riches disposassent d'un système de santé alors à peine à la hauteur des besoins publics, comme si un tel service ne devait pas se donner une marge d'action pour faire face à toute éventualité.

La droite vandale

IL EST DEVENU BANAL d'affirmer que la droite conservatrice s'est érigée ces dernières années comme le chantre de la liberté d'expression... quant aux seuls discours qui lui conviennent.

Qui défendait cette liberté au Canada quand le gouvernement de la droite dure de Stephen Harper, au tournant des années 2010, privait systématiquement de subventions et de soutiens les organisations indépendantes en sciences humaines, les groupes dédiés à la situation des femmes, le domaine des arts, la Société Radio-Canada, les musées nationaux et indépendants, les associations de défense des droits de la Palestine, les laboratoires censés produire des études empiriques sur la crise écologique, l'agence nationale responsable du recensement, tout en subventionnant abondamment l'industrie pétrolière et nombre d'instances idéologiques de droite?

Est-ce qu'un seul d'entre eux le lui rappelle, quand l'ex-premier ministre sort de son mutisme pour présenter comme « nihiliste » la gauche radicale[1] ? Y en a-t-il un seul pour lui rappeler le nihilisme symétrique ayant caractérisé les positions antirationalistes que son gouvernement a prises sous son autorité ? Et quand une université se déclare ouvertement « antiwoke[2] », n'est-ce pas aussi étroit et stérile que de se livrer à d'improbables chasses aux sorcières ? Qui relève la contradiction à droite[3] ?

Où étaient-ils, ces hérauts de la liberté d'expression, lorsque Valentina Azarova, formellement invitée à prendre la direction du Programme international des droits de la personne, rattaché à la faculté de droit de l'Université de Toronto, s'est trouvée démise de ses fonctions avant même d'avoir pu aménager son bureau, au prétexte que des organes subventionnaires de l'université venaient de découvrir quelques textes épars où elle se montrait sensible à la cause palestinienne[4] ? Qui à droite dénonce cette nouvelle chasse aux sorcières

---

1 Tristin Hopper, « "Its Ethics Are Entirely Nihilist": Stephen Harper Slams "woke" Left in Rare Interview », *National Post,* 30 juillet 2021.

2 Richard Hétu, « Vers une université anti-*woke* », *La Presse,* 15 novembre 2021.

3 Elisabeth Roudinesco, « "On ne combat pas des dérives en faisant la guerre à l'intelligence" », *Le Monde,* 19 janvier 2022.

4 Association canadienne des professeures et professeurs d'université, « Mesure exceptionnelle : le Conseil de l'ACPPU prononce un blâme contre l'Université de Toronto concernant la controverse liée à l'embauche de Valentina Azarova », communiqué de presse, 22 avril 2021.

que pratique intensément le mouvement sioniste[5] ? Aucun ne pense à les qualifier de « wokes de droite ».

Cette droite de la mauvaise foi se drape dans les bons sentiments, de manière tout autant utilitaire que les militants des causes sociétales sur lesquels elle s'acharne. À l'entendre, seule la liberté d'expression et l'exercice de la raison l'intéresseraient – c'est à des méthodes plus qu'à des causes ou à des personnes qu'elle dit s'attaquer… La culture du bannissement est alors présentée comme le fait propre de ses adversaires. Or, il en va tout autrement dans la réalité. Par exemple, la « Guerre des livres » : la purge que mènent parfois des puristes de la cause anticoloniale, en élaguant des bibliothèques tout ouvrage manquant à la rectitude morale, trouve fréquemment son pendant à droite. Au Tennessee, on ne souffre pas dans les écoles les livres commettant la moindre faute morale, comme l'apparition, fussent-ils rares, de jurons dans une bande dessinée[6]. Qui le relève parmi ses tribuns ?

Sans s'embarrasser des contradictions, ces agitateurs usent eux-mêmes des moyens liberticides qu'ils dénoncent pourtant à longueur de journée. Il est vrai que, dans l'art de la guerre culturelle, ceux-ci tendent à

5 Felix Pope, « Miller Is Gone but He Is Only Tip of the Iceberg », *The Jewish Chronicle*, 7 octobre 2021.

6 Frédéric Arnould, « La guerre contre les livres bat son plein aux États-Unis », Radio-Canada, 29 janvier 2022.

les légitimer. Mais cette façon de manier la réponse du berger à la bergère n'est plus anecdotique. Elle plonge toute la société dans un climat délétère. On a pu s'en rendre compte lorsque la présidente de l'importante Fédération des femmes du Québec (FFQ), Gabrielle Bouchard, aujourd'hui démissionnaire, a déclaré sur un ton à moitié sérieux: «Les relations de couple hétérosexuelles [sic] sont vraiment violentes. En plus, la grande majorité sont des relations basées sur la religion. Il est peut-être temps d'avoir une conversation sur leur interdiction et abolition», ce à quoi le gouvernement conservateur de la Coalition avenir Québec (CAQ) a répliqué précipitamment en menaçant de couper les vivres à la prestigieuse association, sans qu'aucun militant de droite ne crie à la censure.

Plus vicieusement, un fort en gueule de la presse vandale, au Québec, a tronqué une citation du philosophe Daniel Weinstock, de manière à lui faire dire abusivement qu'il approuvait l'excision. En fait, il s'agissait d'une vieille intervention dans laquelle l'auteur citait le texte d'un tiers proposant d'envisager des façons strictement symboliques de procéder à l'excision, pour prévenir l'acte lui-même. La visée du procédé était claire: censurer cet intellectuel qui était par ailleurs invité à participer à une consultation gouvernementale sur le cours Éthique et culture religieuse, contre lequel lutte la droite conservatrice. Le ministre de l'Éducation a exclu illico le philosophe du forum, sur la base de la seule chronique de cet incendiaire, et il a fallu une levée de boucliers massive pour qu'il lui présente ensuite des excuses, peu senties... et sans conséquences pratiques.

En France également, gauche identitaire et droite conservatrice savent se tenir par la barbichette. À l'Institut d'études politiques de Grenoble (Sciences Po Grenoble), la mise à pied de Klaus Kinzler, un professeur taxé d'« islamophobie » et renvoyé pour avoir contesté l'utilisation de cette même expression dans un contexte interne tendu[7], a aussitôt entraîné une mesure punitive de la part du président du conseil régional, Laurent Wauquiez, lequel a suspendu le soutien financier de la région Auvergne-Rhône-Alpes à Sciences Po Grenoble[8]. Cette mesure précipitée a déconcerté l'ensemble des professionnels de cet institut, tandis que ne tiquait aucun polémiste de droite.

Si les hérauts de la droite vandale déchirent leur chemise en public lorsque des militants féministes, transgenres ou antiracistes interdisent telle ou telle activité publique, ils se dissipent lorsque des militants conservateurs agressifs s'interposent violemment dans

---

7 David Perrotin, « Accusations d'islamophobie : la direction de Sciences Po Grenoble a laissé le conflit s'envenimer », *Mediapart*, 11 mars 2021 ; et Alain Garrigou, « Le management contre les libertés académiques », *Le Monde diplomatique*, 8 janvier 2022.

8 « Sciences Po Grenoble : "L'intrusion politique de Wauquiez est inédite" », entretien de Frédéric Sawicki accordé à Fabien Escalona, *Mediapart*, 21 décembre 2021.

les institutions scolaires américaines où l'on enseigne la notion de racisme systémique, multiplient les procédures judiciaires bâillons à leur égard ou militent pour que les professeurs soient filmés en temps réel afin de suivre et commenter en direct leur enseignement[9]. Dès lors qu'il ne s'agit plus de femmes, de minorités sexuelles ou d'antifas, ils ne voient là aucun précédent inquiétant.

Ces polémistes qui grimacent si bien lorsqu'on leur soumet cette notion de « racisme systémique » n'ont à ces moments qu'à se regarder dans la glace pour comprendre en quoi elle consiste. Ici, défendre la liberté d'expression pour stigmatiser les critiques excessives de la gauche progressiste (on peut dire que celle-ci ne ménage aucun effort pour lui en fournir les occasions), en étendant cette critique à tous les courants encore rationnels de défense de la justice sociale et civique (la gauche des Lumières universaliste), revient à couvrir de son silence les abus souvent autrement plus significatifs d'instances puissantes (gouvernements, universités, grandes entreprises...) qui pratiquent sous une forme généralement discrète et sourde une censure terrible.

En ce qui concerne le journalisme, « si cette droite militante s'en prend à certains travers libéraux, ce n'est

---

9 Alexis Buisson, « Les conservateurs américains mènent leur "guerre culturelle" dans les salles de classe », *Mediapart*, 31 août 2021.

jamais pour soutenir concrètement l'indépendance des rédactions ou l'importance d'un journalisme rigoureux. Elle les dénonce parce qu'elle les déteste, ce qui passe encore en démocratie, mais elle le fait dans un esprit belliqueux qui réduit la dynamique des médias à des attaques éditoriales », résume le sociologue Mark Fortier[10]. Et si cette droite fustige le critère du point d'énonciation si cher à la gauche radicale, c'est bien parce que ce critère l'embarrasse. Tout est fait chez eux pour dissimuler le lieu d'où ils parlent. Les émissions d'extrême droite en France donnent systématiquement la parole à des polémistes dont la provenance et la légitimité sont mal définies. On présentera ainsi Arnaud Stephan, ancien collaborateur de Marion Maréchal-Le Pen, comme « communicant », ainsi que le relève parmi d'autres exemples Rachid Arhab, ancien membre du Conseil supérieur de l'audiovisuel en France[11]. Et comment ne pas vouloir effacer les traces de là où on parle ? Parmi ses « petits soldats[12] », Vincent Bolloré compte un immigrant québécois venu en métropole… fustiger l'immigration. La reconnaissance

10 Mark Fortier, « Le retour d'une presse déshonorée ? », *La Presse*, 20 novembre 2021.

11 « Décompte du temps de parole de Zemmour : "On aurait pu avoir ce débat il y a longtemps déjà" », entretien de Rachid Arhab, *À l'air libre*, Mediapart, 13 septembre 2021.

12 Entretien de Jean-Baptiste Rivoire dans *Le Système B. L'information selon Vincent Bolloré*, Reporters sans frontière, 2021, 16 min.

ethnique sous-jacente à l'engagement rhétorique permet de gommer la contradiction, en même temps qu'elle en révèle le parti pris strictement raciste.

La tactique reste toujours la même. D'abord, désigner de ténébreux adversaires de la société : les syndicats, les végétariens, les cyclistes, les sociologues, les indépendantistes, les électeurs de petits partis de gauche, les ministères à caractère social de l'État, les groupes écologistes... Trouver ensuite quelque point de faiblesse chez eux : un propos excessif, des manifestations « violentes » au prétexte qu'une vitrine a été fracassée, un acte symbolique de censure... Par déplacement et condensation, concentrer dans ces quelques éléments le sens des mouvances politiques antagonistes présentées pêle-mêle et en faire un vaste cauchemar public. Partir ensuite de cette rhétorique pour invalider toutes les thèses soutenues par les groupes honnis : parce que les femmes ont fait des avancées historiques, le féminisme n'a plus lieu d'être ; parce qu'une organisation s'est peut-être trompée du point de vue de l'historiographie dans la reconnaissance d'un territoire autochtone, l'enjeu des peuples d'origine en Amérique peut être nié ; parce qu'il y a bien des animatrices noires à la télévision, la pertinence de l'analyse intersectionnelle tombe...

Cette droite éthérée ne parle pas de la société, mais d'une représentation nostalgique d'icelle, dans laquelle il nous faudrait chercher à plonger comme des grenouilles dans le formol. Puisqu'on s'y trouve figé dans l'excitation du ressentiment, cet enfermement parvient à se donner les allures d'actes de vie.

Aux États-Unis comme en France, l'extrême droite soutenue par des chaînes de télévision en continu et des figures politiques publiquement incontournables travaille rien de moins qu'à saper les conditions des bonnes mœurs: exaltation de la guerre civile et de la violence, racisme systémique promu sur la base de discours civilisationnels, banalisation ou défense de la possession d'armes à feu, réduction du journalisme à la polémique, instrumentalisation réductive des processus institutionnels, mépris des faits historiques et mythification de l'histoire[13]...

Témoin le discours rétrograde que la droite vandale tient sur la notion de laïcité. Instrumentalisée, elle apparaît comme le cheval de Troie faisant avancer de manière insidieuse un discours ethnique profitant à la majorité historique. Les attributs cultuels cités en exemple à titre problématique appartiennent systématiquement à l'univers musulman tandis qu'on présente comme historico-culturels et patrimoniaux les

---

13 Richard Hétu, « La dérive autoritaire du Parti républicain », *La Presse,* 22 novembre 2021 ; Laurent Mauduit, « Vincent Bolloré lorgne "Le Figaro" », *Mediapart,* 20 novembre 2021 ; Raphaëlle Bacqué et Ariane Chemin, « Comment Vincent Bolloré mobilise son empire médiatique pour peser sur la présidentielle », *Le Monde,* 16 novembre 2021.

référents chrétiens. La question qui tombe alors sous le sens : combien de générations faut-il à une communauté culturelle pour que ses apports appartiennent eux aussi au champ de la culture ? Est-ce à la majorité de stipuler unilatéralement ce qu'il est du devenir patrimonial de ces cultures « autres », ainsi que de délimiter à tout jamais qui est soi et qui est autre ? C'est méconnaître les enjeux et le sens même des concepts. Et cet acte de vandalisme contribue non seulement à défigurer la notion de laïcité au point de la faire comprendre, à droite, comme une arme qu'on tourne contre tous ceux que l'on cherche à dominer ou à exclure, mais, par mimétisme du contraire, à la faire haïr à gauche. Au terme de ce processus, cette laïcité apparaît méconnaissable dans tous les ordres discursifs. Or, dans l'histoire, la laïcité participe du progrès social comme principe. Mais elle n'a de sens que si on la comprend en tant que compromis pacifiant entre des communautés consentantes. De fait et de droit, elle doit s'ériger comme la dénomination d'un terrain d'entente entre communautés, un espace permettant d'avoir un commerce agréable, et non un subterfuge pour exprimer de cette manière ennoblie des pulsions discriminatoires ou racistes.

La censure

La question des classes sociales continue de jouer un rôle fondamental dans ces rapports. Ce sont les acteurs sociaux n'ayant pas accès aux leviers de contrôle de la vie publique qui tapent sur des casseroles, s'interposent pour interrompre une présentation ou calomnient leurs opposants sur des pages web. Sachons d'une censure ainsi administrée qu'elle est, du point de vue des classes sociales, un procédé de pauvre : le nec plus ultra de la censure consiste plutôt à censurer sans qu'il n'y paraisse. Les pouvoirs publics comme privés qui administrent l'opinion ont compris l'importance de censurer la censure, de rendre la censure aussi opérante qu'effacée.

Le financement privé d'institutions et l'établissement de contrats de recherche peuvent suffire à faire taire une parole publique utile aux groupes dominés sans que résonne le moindre écho de casserole. Ainsi, le professeur de science politique Andy Hira de la Simon Fraser University (SFU) de Vancouver, massivement financée par le secteur privé, a vu sa propre institution lui demander de déchirer les résultats de ses recherches en République dominicaine, sur la perception qu'a la population de l'exploitation minière de Barrick Gold sur son territoire. Hira a interviewé 38 personnes dans le cadre de sa recherche et a supervisé un sondage détaillé auprès de 385 autres. L'Institut canadien international des ressources et du développement, également administré par la University of British Columbia (UBC) et l'École polytechnique de Montréal, a encadré ses travaux. C'est ce centre de recherches, financé par le gouvernement fédéral, qui s'est opposé à la divulgation des données en s'appuyant sur un manquement à un point strictement technique du code d'éthique. Et surtout, le contrat que l'Institut a amené le professeur à signer réservait un droit de veto aux autorités de la République dominicaine... On pourrait également imaginer que les conclusions du rapport n'étaient pas non plus du goût de l'entreprise minière visée. Cet événement n'a pas fait de vagues; il concernait particulièrement, au rang des victimes, des femmes et des populations marginalisées dans l'histoire.

Au Québec, la Cour supérieure a ordonné à l'association Solidarité sans frontières (SSF) de cesser de manifester devant le siège de l'entreprise Construction Tisseur Inc., qui devait construire une prison destinée aux immigrants. Pourtant l'association protestait de manière pacifique devant l'établissement sans même entraver le travail des employés[14]. Dans les territoires de l'Atlantique, un caricaturiste ou un professeur peuvent perdre leur gagne-pain dès lors que leurs productions déplaisent aux entreprises appartenant à la puissante famille Irving, laquelle contrôlait jusqu'à

14 « Tisseur se tourne vers les tribunaux pour museler l'opposition à la nouvelle prison pour migrant.e.s », Solidarité sans frontières, 27 août 2019.

tout récemment la presse et sait influencer les pouvoirs publics[15].

De tels acteurs n'ont pas besoin de recourir ouvertement à la censure pour empêcher d'exister ce qui les gêne. La question des identités sociétales semble, en revanche, le seul terrain où chacun peut se déchaîner, être remarqué et espérer l'emporter.

---

15 « Fired College Instructor's Views on Glyphosate at Root of Dismissal, Says Former Colleague », CBC, 3 juillet 2019 ; Alexandre Boudreau, « Une caricature de trop pour Michael de Adder », *Acadie nouvelle*, 1er juillet 2019. Voir aussi : Alain Deneault, « La famille Irving, un féodalisme canadien », *Le Monde diplomatique*, avril 2019.

Noir Canada expliqué aux universitaires

UN PARAGRAPHE comme celui-ci, on ne peut plus s'en déprendre une fois qu'on l'a lu : nos « multiples problèmes » les plus graves sont imputables à l'activité des universités, soit les « établissements chargés de reproduire et de soutenir l'élite intellectuelle ». L'écrivain Chris Hedges s'explique :

> Harvard, Yale, Princeton, Stanford, mais aussi Oxford, Cambridge, l'Université de Toronto, l'Institut d'études politiques de Paris et la plupart des autres hauts lieux du savoir affichent des résultats plus que médiocres en ce qui concerne la transmission de l'aptitude à réfléchir et à poser des questions. En fait, grâce aux filtres que sont les tests normalisés, les activités d'enrichissement, la reconnaissance des équivalences, le tutorat grassement payé, les écoles privées de luxe, les examens d'admission et la déférence aveugle envers l'autorité, ces vénérables institutions s'affairent essentiellement à créer des hordes de gestionnaires compétents. [...] Elles refusent de remettre

> en cause un système n'ayant que son propre maintien pour raison d'être. Dans ces institutions, il n'y a que l'organisation, la technologie, la promotion personnelle et les systèmes d'information qui comptent[1].

Cette citation s'incruste en nous à l'instar d'un souvenir par ailleurs vif et vaut peut-être à titre d'explication : l'indifférence des universités pour le sort réservé au livre *Noir Canada*, en 2008[2]. On se souvient de l'histoire : le livre collige des données et témoignages produits par des sources multiples, comme des organisations civiques, des commissions parlementaires, des commissions d'enquête, des dépositions dans des procès, des documentaires, des reportages journalistiques, des livres d'investigations... C'est dans de nombreux pays, dans de nombreuses langues, dans de nombreuses sphères d'activité (journalisme, recherche, droit) que sont étayées les allégations récurrentes dont l'ouvrage fera la synthèse : des sociétés canadiennes commettent des abus graves dans maints pays d'Afrique (pollution massive, atteinte à la santé publique, corruption, collusion avec des

---

1 Chris Hedges, *L'empire de l'illusion. La mort de la culture et le triomphe du spectacle*, Montréal, Lux, coll. « Futur proche », 2012 [2009], p. 119-120.

2 Alain Deneault, avec Delphine Abadie et William Sacher, *Noir Canada. Pillage, corruption et criminalité en Afrique*, Montréal, Écosociété, 2008.

seigneurs de guerre, financement de dictatures, évitement fiscal...), particulièrement dans le domaine minier. Le livre se contente d'exposer un fait : l'existence de cette vaste bibliographie, qu'il produit, à propos de tant de faits allégués. Et il tire une seule conclusion : il y a matière à enquêter du point de vue des autorités publiques, tout comme le demandent des experts mandatés par le Conseil de sécurité de l'ONU, dans un des dossiers cités – même eux, tous experts onusiens qu'ils étaient, avançaient qu'ils n'avaient pas les moyens d'en savoir plus. Le style d'écriture : celui de la tradition critique, reconnue à la marge par l'institution universitaire.

On connaît la suite. Avant même que le livre ne soit publié, en avril 2008, sur la base d'informations glanées sur le site de l'éditeur Écosociété qui l'annonçait, la principale société aurifère mondiale Barrick Gold menace de poursuites judiciaires l'auteur du livre, ses deux recherchistes, l'éditeur Écosociété et même, à titre personnel, les membres du conseil d'administration de l'organisme à but non lucratif qu'il constitue. Une fois le livre lancé, elle met à exécution ses menaces en ce qui concerne l'auteur, les chercheurs et l'éditeur, et réclame le montant ahurissant de six millions de dollars en dommages. Banro Corporation viendra à la rescousse de Barrick Gold quelques semaines plus tard, puisque ses initiatives ne nous empêchent pas de traiter du livre, et intentera une poursuite de cinq millions de dollars aux mêmes acteurs. Les accusations sont grossières, et en ce qui concerne la seconde poursuite, elle comprend un nombre extraordinaire de fautes d'orthographe, jusque dans le nom des filiales de l'entreprise elle-même. C'est une serpillière qu'on nous envoie, mais qui vaut néanmoins comme document d'une procédure.

Il est difficile d'exprimer en peu de mots le malaise qu'a éprouvé le milieu universitaire lorsqu'il s'est agi de se positionner quant au sort réservé à ce livre. L'institution s'est tue. L'un de nous a perdu sa bourse de recherche. J'ai vu pour ma part tout concours d'entrée à l'université condamné à l'échec, plusieurs fois dans des conditions arbitraires, voire tout à fait irrégulières. Du point de vue des universités, l'Acadie m'a offert l'asile politique. À titre individuel seulement, des professeurs par centaines au Canada ont signé une lettre dénonçant ces poursuites abusives, à l'initiative du professeur de philosophie Michel Seymour. Et les philosophes libéraux de l'Université de Montréal, tournés vers l'éthique, ont dénoncé cette atteinte aux droits fondamentaux (bien plus que les sociologues et politologues réputés de gauche de l'Université du Québec à Montréal [UQAM], par exemple, sauf une poignée d'exceptions). Quelques juristes par ailleurs ont aussi témoigné de leur désaccord... Mais le tout sur fond de malaise institutionnel.

C'est alors que résonne en nous la phrase de Hedges sur les « établissements chargés de reproduire et de soutenir l'élite intellectuelle ». Combien de disciplines universitaires ne sont-elles pas concernées par les dossiers ouverts dans *Noir Canada* ? Les départements de géologie fournissent les géologues ; les facultés de droit les nombreux juristes d'entreprises et avocats en litige, dont certains deviendront juges pour faire la fine bouche devant notre fait de lèse-oligarchie ; les centres de recherche en sciences économiques produiront les économistes intégrant les filières d'activité en Afrique à d'opaques modélisations de marché ; les programmes d'études en sciences comptables les petites mains ouvrant notamment des comptes dans les paradis fiscaux. Puis, les écoles de commerce, elles, assurent le renouvellement d'une horde d'agents en relations publiques et en management pour assurer le fonctionnement de ces structures et leur capitalisation boursière, notamment auprès des petits épargnants canadiens, tandis que les départements dits, sans sourciller, des « ressources humaines » diplôment ceux qui structureront la vie au travail. Ajoutons à ce nombre les lieux de formation de psychologues, neurologues et sociologues qui préparent également le personnel agissant dans les sphères du management et du marketing. Tous ces acteurs sociaux sont susceptibles également de travailler pour des cabinets d'influence menant de très formelles opérations de lobbying auprès des élus. Les anthropologues étudieront les populations aux abords des sites. Même des philosophes et spécialistes de l'environnement sont susceptibles de développer des programmes en « responsabilité sociale des entreprises », en « acceptabilité sociale » et en « éthique des affaires », entre autres bric-à-brac appartenant à la quincaillerie de la « gouvernance », pour les amener à soigner leur image. Bref, les champs de collaboration sont infinis. Et rendent donc mal à l'aise, lorsqu'on critique les bénéficiaires d'une telle pédagogie, une communauté peu habituée à mordre la main qui la nourrit.

Sans parler des plus ouvertement cyniques. Lors de notre procès qui s'est étalé de 2008 à 2011, n'était-il pas pathétique de lire le rapport d'expertise – combien lucratif pour l'auteur ? – qu'avait accepté de rédiger en douce, dans le secret feutré de la procédure, pour le compte de Barrick Gold, le professeur pourtant chantre public de la liberté d'expression, Marc-François Bernier ? L'argumentaire de l'« expert » revenait à soutenir Barrick dans ses procédures judiciaires pour nous écraser et pour pousser à la faillite la maison d'édition Écosociété, quitte à pulvériser son catalogue, sous prétexte que notre travail n'a point été suffisamment « scientifique » à son goût. Notre tort ? Nous n'aurions pas assez cité de scientifiques. Sa lecture de la science se réduisait donc à une compréhension purement légitimiste de la production du savoir. Il fallait être professeur et chercheur patenté pour que la moindre parole pût compter. Évidemment, une telle approche disqualifie illico une discipline entière comme la sociologie.

Mais, malheur à lui, le collaborateur de Barrick Gold avait eu l'imprudence de s'appuyer sur la méthodologie du professeur à HEC Montréal Omar Aktouf, lui qui, sensible à notre cause, lui avait répondu dans une contre-expertise, elle, rigoureuse :

> En lisant *Noir Canada,* il saute aux yeux que nous n'avons pas là affaire à un ouvrage « positiviste » ou à un livre de « sciences naturelles ». C'est pourtant à ce type de méthodologie inappropriée que Monsieur Bernier réduit ses reproches envers Alain Deneault. Ces deux courants épistémologiques sont tout à fait spécifiques, mais Monsieur Bernier en érige les principes comme s'il s'agissait de valeurs universelles exclusives. Rien n'indique de près ou de loin que *Noir Canada* aspire à quelque savoir encyclopédique, à la manière d'un Auguste Comte. On n'en est absolument pas là ; il n'y a dans *Noir Canada* de prétention ni à un classement définitif, ni à un savoir empirique, ni à un système fonctionnel, ni à la synthèse des connaissances sous la forme d'un bilan universel. Au contraire, Alain Deneault et ses collègues s'en tiennent uniquement à un fait : l'*abondance* des sources, pour en appeler à des formes d'enquêtes (une commission publique) plus poussées que celles pour lesquelles n'est ni outillé, ni qualifié, un collectif de chercheurs indépendants. Il est donc tout à fait inacceptable de réduire le mot « science » dans ce contexte au seul savoir « probant » dont parle Monsieur

> Bernier, pour ensuite disqualifier toute proposition qui ne conviendrait pas à cette approche dogmatiquement « positive ». [...] Monsieur Bernier ne s'est manifestement pas donné les moyens de comprendre l'originalité de l'approche de *Noir Canada* de même que la spécificité de son argumentation. Je le constate d'autant mieux que Monsieur Bernier me cite moi-même comme autorité, en déformant systématiquement le sens de mes propositions méthodologiques, puisque celles-ci concernent, si j'ose dire, une tout autre « cible » : celle d'étudiants désirant *s'initier* au b.a.-ba du comment faire ses premiers pas – scolairement – en recherche. [...] Il présente une lecture qu'on pourrait qualifier de dogmatique des enjeux de méthodes en sciences sociales, qu'il résume abusivement sous l'appellation des « règles de l'art »[3].

Cette longue citation ne concerne pas seulement notre cas, mais un phénomène plus large, celui de la complicité de scientifiques – lourdement tendancielle même si elle n'est heureusement pas absolue – dans des sphères d'activité échappant complètement à la vigilance critique. « Les universités d'élite méprisent le travail intellectuel rigoureux, qui, par nature, se méfie de l'autorité, défend farouchement son indépendance et recèle un potentiel subversif. Elles

3 Omar Aktouf, « Enjeux de méthode », rapport d'expert, 12 janvier 2008, disponible au Palais de justice de Montréal.

fragmentent le savoir en disciplines hautement spécialisées, qui offrent des réponses pointues s'inscrivant dans des structures rigides », renchérit Hedges[4]. Elles enferment trop souvent leurs pratiques dans une forme toute spécieuse de restriction mentale : la croyance entretenue voulant que l'agir scientifique se résume à un positivisme utile à la grande industrie et à la haute finance.

---

4 Hedges, *L'empire de l'illusion, op. cit.*, p. 120.

« Fasciste »

« MAIS VOUS PRRRRRÉCONISEZ une solution fasciste ! » lance-t-il de sa grosse voix, en interrompant le panéliste avec qui il partage la tribune. « Fasciste »... Cette réplique tout en finesse est le fait d'un professeur d'université. Quand on n'a pas fréquenté les universitaires depuis quelque temps, on comprend dans cet à-coup qu'ils se sont depuis abaissés à cette culture de l'anathème. À force de gazouillis incendiaires, de blogues vitrioliques, de coups de sang et d'invectives impulsives, il devient même banal dans ces milieux de plonger toute discussion dans un climat délétère.

« Fasciste », maintenant... Je suis celui qui doit composer avec ce déraisonnement qui tonne. Ce n'est même plus une ineptie vulgaire qui saille, mais le témoignage de quelqu'un qui, tout docte qu'il soit, ou qu'il ait été, a manifestement perdu ses repères ainsi que le sens des mots. « Fasciste ». Qu'a-t-on dû commettre comme forfait pour mériter à ses yeux ce blâme extrême ?

La scène s'est produite à l'occasion d'une table ronde organisée en 2019. C'est sur le thème des paradis fiscaux qu'on m'a demandé d'intervenir. Mon malotru, lui, quoique sociologue, vient parler « des gens », « les gens qui ne s'intéressent plus à ce qui est commun », « les gens qui ne croient plus à l'État »... Ces généralités, contre lesquelles on met pourtant en garde les étudiants de sociologie dans les cégeps, sont ici débitées au nom d'un discours sur le commun, sur fond de nostalgie sociale-démocrate un brin nationaliste.

En l'occurrence, avant qu'on me tombe dessus à bras raccourcis, la discussion à bâtons rompus m'amenait à indiquer, à propos des sujets politiques occidentaux, une évidence sociologique, à savoir qu'outre leur faculté de penser, de délibérer et de décider – faculté instituée de manière fort inégale dans nos régimes, faut-il le rappeler ? –, ce sont les conjonctures et les événements de notre histoire qui peuvent d'eux-mêmes bouleverser la réflexion et provoquer des mutations intellectuelles. « Solution fasciste ! » énonce le professeur, nonobstant la gravité de l'épithète, et nonobstant la terrible portée du substantif dans l'histoire dudit fascisme. On reste coi devant l'écho d'un tel dérapage. Car, enfin, ce serait s'humilier soi-même – l'agresseur le sait – que d'expliquer de quelle manière notre raisonnement, étranger à toute caractérisation « fasciste », tente de se développer. De surcroît, le propos qui se fait ainsi brutalement interrompre ne concerne pas même le régime des « solutions ».

Afin de se prémunir contre ce genre de stigmates, face à de tels défenseurs autoproclamés de l'*identité*, faudrait-il donc taire tout ce qui n'est pas *identique* à leur corpus d'idées ? Taire, en l'occurrence – puisque c'est de cela qu'il s'agissait avant que la fronde ne survienne –, le phénomène des catastrophes écologiques, des pénuries alimentaires, des crises pétrolières, entre autres situations historiques qui, en tant que telles, perturbent et modifient les modes d'intellection au moyen desquels nous abordons et organisons le monde ? Nous vivons dans un régime politique dont les conditions de possibilité sont menacées par une crise écologique déjà à l'œuvre : érosion des sols, déforestation, avancée des déserts, réchauffement du climat, fonte des glaciers, montée des crues, disparition des espèces... La pensée inhérente à ce régime risque d'y passer elle aussi et de donner lieu à des transformations historiques sur le plan de l'intellection. On pourrait ne pas penser de la même façon notre rapport au monde au fur et à mesure que la crise écologique le transforme d'elle-même radicalement... Cela, faudrait-il le taire, taire ce qu'Hannah Arendt rangeait dans la catégorie de la *force des choses*, en opposition à tous les actes politiques relevant à un titre ou à un autre d'une volonté subjective ?

« Fasciste » ! Le mot est donc lâché, sans appel, au détriment de la crédibilité de celui qui l'emploie. La fin justifie les moyens, ici : faire perdre la parole à l'adversaire. Étonnant de la part d'un professeur qui ose par ailleurs publiquement regretter que des militants radicaux pratiquent à Montréal la censure politique.

« Fasciste ». C'est que le professeur est contrarié. Son propos (très) général porte moins sur un principe que sur un vœu pieux : Ah ! si seulement les sujets politiques délibéraient dans un rapport cristallin aux objets qu'ils partagent, pour fonder des politiques claires dans le concert institutionnel de décisions harmonieuses... Mais qu'on aille au-delà, non parce que l'on conteste le caractère souhaitable de l'incantation, mais parce que sa banalité nous ennuie, et nous voilà devenus « fascistes ».

Ce n'est plus une personne qu'on a face à soi, mais soudainement un mur. Sourd même à ce qui devrait pourtant recevoir son suffrage. Par exemple, la pertinence de l'enjeu des paradis fiscaux au vu d'une approche préconisant l'identité, le commun, le collectif. C'est par milliers de milliards de dollars que l'on compte les actifs de banques et de multinationales qui pratiquent leurs activités hors de tout régime de droit. Voilà un thème d'intérêt commun dont on pourrait discuter. Des États comme les Bermudes, le Panama, le Liberia, le Delaware et le Luxembourg nous amènent à comprendre la duplicité des institutions publiques et l'enfermement dans lequel se trouvent en grande partie les parlementaires. Dans cet esprit, toute une organisation a été mise en place (indépendance des banques centrales, accords de libre-échange, constitution de multinationales capables d'exister simultanément de tous les côtés des frontières établies, banques détentrices des créances et capables principalement d'émettre de la monnaie, tribunaux privés pour trancher les différends entre États et multinationales...) pour rendre le parlementaire qui vient d'être « démocratiquement élu » incapable de renverser par sa seule volonté constitutionnelle des modalités de fonctionnement devenues autonomes. Les paradis fiscaux représentent en cela le comble du capitalisme financier contemporain : ce sont maintenant des pays entiers, ou des législations régionales, qui permettent sciemment à des acteurs limités ailleurs par des États « démocratiques » de mener là des opérations affranchies de toutes contraintes. On peut dans cet ensemble d'États éviter l'impôt, faire travailler des enfants, augmenter les marges de risque dans l'investissement, polluer à souhait, administrer la corruption de décideurs publics... Ces législations caricaturales ne s'opposent pas aux États traditionnels, elles les complètent. Ce sont leurs rejetons. Elles ont été créées pour permettre à une oligarchie de bénéficier de cadres anomiques, tout en tirant profit des avantages qu'ont encore à proposer les États de droit chez eux. Quiconque s'intéresse à l'État de droit et aux institutions publiques ne saurait écarter cette question.

Mais non ! La menace que font planer les paradis fiscaux sur les États-nations et sur ce qu'il reste des acquis de la social-démocratie doit être censurée, elle aussi, aussitôt qu'on éprouve de l'hostilité pour son messager. Le phénomène apparaît trop grand au regard de ceux qui se sont habitués à protester contre les acteurs sociaux environnants qui ne sont pas *identiques* aux portraits types qui les obsèdent. Le professeur se contente donc d'en récuser l'importance, d'un convaincant : « On ne parle que de ça ! » comme si c'était vrai. La position explicite de l'intéressé sur le sujet est d'oublier cette problématique et de s'en tenir à ce que fait l'État traditionnel dans ce qui lui reste de faibles prérogatives aujourd'hui.

Il faut donc rappeler au professeur qu'il n'y a jamais eu d'âge d'or entre l'État et le peuple. Et que chercher par des contorsions intellectuelles à se rendre *identiques* à ce phantasme est une vaine injonction. C'est le fusil sur la tempe que les peuples ont consenti dans l'histoire à « reconnaître » la souveraineté de leurs conquérants sur leur territoire et sur eux-mêmes. Mais il est vrai que le professeur rejette d'un revers de main tout auteur qui se serait « radicalisé » en pensant ainsi.

On connaît, du reste, le débat historique à gauche : les sociaux-démocrates ont cru en des avancées rendues possibles par le système électoral et la prise de contrôle de l'appareil d'État – et quelques avantages au point de vue des plans de carrière des défenseurs de cette approche. Pour leur part, les révolutionnaires communistes ou anarchistes y ont perçu une façon paradoxale d'adoucir et d'adapter le capitalisme pour favoriser l'adhésion de classes dominées à un régime qui continuait pourtant structurellement de les exploiter. La polémique entre Rosa Luxemburg et Eduard Bernstein résume à elle seule toute cette problématique.

Ce rapport est complexe, le professeur le sait intimement, et il ne se règle pas à coups de petites phrases et d'anathèmes. On peut au moins en conclure que toutes les époques ne favorisent pas des avancées sur un mode parlementaire, dans le rapport de force qui lie l'État capitaliste aux dominés. Il y a tout à fait lieu de croire que le régime de pouvoir en vient à respecter le prolétariat seulement si celui-ci menace de rompre avec lui complètement.

Il ne vient donc pas à l'esprit de l'intéressé que peuvent être, plus que lui encore, épris de républicanisme, épris de démocratie au sens fort, épris de liens institutionnels... les anarchistes, les autonomes, les fondateurs de villes en transition, les animateurs de zones à défendre (ZAD) et les militants qui élèvent des barrages devant des sites d'extractions gazière, minière ou pétrolière. Les formes d'organisation nouvelles, vives et prometteuses qui émergent de ces laboratoires et de ces expériences ne sauraient s'expliquer par un quelconque désintérêt pour la chose commune, mais au contraire par une reprise créative et courageuse de ces principes, précisément parce qu'elles ne s'expriment pas à l'*identique* de formes désormais sclérosées. Ces tentatives multiples ne sauraient paraître dérisoires aux yeux d'un sociologue sérieux. Les mépriser constitue seulement une façon de dissimuler son incapacité à les comprendre.

Or, qui sait quelle sera la portée des institutions dans un monde pas si éloigné du nôtre où le pétrole cessera d'être abondant et abordable ? Qui sait comment ces forums qu'on expérimente à petite échelle, mais dans une optique vaste et même révolutionnaire, se développeront dans un monde où la crise écologique provoquera un appel pour les circuits courts, le *low-tech*, la décroissance, la transition énergétique ? Les vastes pays qui sont les maîtres d'œuvre de la mondialisation financière n'auront plus de raison d'être dans un tel changement forcé de paradigme. À la rigueur, ils ne compteront pas plus qu'une autorité parmi d'autres, affaiblie de surcroît, dans le mille-feuille institutionnel face auquel nous nous trouvons déjà, là où un grand nombre d'instances (banques, multinationales de la grande industrie, mafias, réseaux affinitaires marginaux…) se départagent des franges de pouvoir.

Mais de ces « solutions fascistes », il ne faudrait point parler. Car une génération observe son cadre de références s'effondrer rapidement et, préférant ne pas l'accepter, s'attaque à tous ceux qui prennent la mesure de ces changements et ont l'odieux de les intégrer à leurs analyses. Il vaudrait mieux se taire et tenter de se faire les jumeaux identiques de ceux qui s'octroient le droit d'user d'anathèmes violents envers autrui.

La personne « morale » et son « éthique » des affaires

PARTONS D'UN CAS EXTRÊME, car ils sont nettement parlants : Eugen Zielke fait partie des militaires nazis qui ont tiré profit de l'enfermement de juifs polonais dans des ghettos en 1940 en leur extorquant des richesses en échange de nourriture. Après la guerre, dans un grand effort de rationalisation, il relativise, et justifie ainsi son entreprise : « Je voyais cela du point de vue de l'homme d'affaires[1]. »

L'intéressé précise alors sa pensée : dans les circonstances, il aurait été stupide de ne pas procéder à l'échange de nourriture contre des bijoux dont leurs propriétaires, dans leur contexte d'indigence extrême, n'avaient plus besoin, puisque nous restons dans un monde où, normativement, tous cherchent à s'enrichir.

Ce témoignage est pertinent du point de vue de la tactique rhétorique qu'il expose. Celui qui le livre

---

1 Laurence Rees, *Ils ont vécu sous le nazisme,* Paris, Perrin, coll. « Temps », 2009 [2008], p. 148.

cherche, par cette référence aux procédés marchands, à faire reposer sa pratique sur des logiques qui échappent aux strictes directives de la barbarie nazie. Il tente de laver sa réputation en signalant ceci : mon comportement ne renvoie d'aucune manière à la violence aveugle qui se pratiquait à l'époque. Plus malin, je m'inscrivais pour ma part dans une démarche supérieure qui était celle de l'entrepreneuriat – validée en tout régime depuis le début de la modernité – et donc extrinsèque aux pratiques brutales du régime allemand. Je transcendais ces méthodes, souligne le témoin. Comme tout le monde, je m'en tenais à faire des affaires.

Il peut sembler excessif de se référer à un tel contexte historique pour parler de la légitimité entrepreneuriale. Pourtant, cette prétention à la pleine légitimité des affaires, à une légitimité propre au fait de mener des affaires, continue d'être invoquée depuis lors dans des conditions historiques tout à fait préoccupantes. Qu'expliquèrent les représentants de la multinationale énergéticienne Total quand il fut su que des enfants, des femmes et des hommes infortunés avaient été contraints au travail forcé dans les années 1990 par la junte militaire birmane pour la construction de son gazoduc reliant la Thaïlande au golfe de Martaban ? « La carte des gisements d'hydrocarbures dans le monde ne coïncide pas avec celle des régimes démocratiques » ; « la mission de Total n'est pas de restaurer la démocratie dans le monde ; ce n'est pas notre métier » ;

« un retrait forcé n'aurait pour effet que notre remplacement par d'autres opérateurs, probablement moins respectueux que nous d'une certaine éthique[2] ». Lorsque des opérations gazières, pétrolières, minières ou agro-industrielles entraînent de l'esclavagisme, des guerres civiles, de la corruption... survient la rhétorique de l'*économie ou...* C'est-à-dire qu'on oppose sur les deux plateaux d'une balance imaginaire l'« économie », d'une part, et tout le reste, ensemble ou distinctement, d'autre part. La légitimité des affaires, abusivement traduite dans le langage idéologique par le vocable d'« économie[3] », fut apte à s'ériger comme distincte et souveraine au regard des autres champs.

Il est en réalité stupéfiant de voir à quel point le domaine des affaires a su s'élever au-delà des règles morales élémentaires, pour prêter ensuite des gages à ceux qui les transgressaient. Cette prothèse de l'esprit a pu servir de passeport pour commettre le pire tout en s'en justifiant. Une inversion complète de la logique

---

2 Dans l'ordre des déclarations : « Les entreprises revoient leurs valeurs », *Stratégies*, 8 septembre 2005 ; « Total n'est ni un outil politique ni une ONG », *Le Parisien*, 11 septembre 2009 ; « "Total" en Birmanie : genèse d'une polémique », *France Info*, 2 novembre 2011, cités dans Alain Deneault, *De quoi Total est-elle la somme ? Multinationales et perversion du droit*, Paris/Montréal, Rue de l'Échiquier / Écosociété, 2017, p. 362 (édition française).

3 Alain Deneault, le feuilleton théorique *Les économies* paru chez Lux Éditeur : *L'économie de la nature*, 2019 ; *L'économie de la foi*, 2019, *L'économie esthétique*, 2020 et *L'économie psychique*, 2021.

élémentaire consiste alors à présenter comme légitime et morale un mode d'agir exceptionnellement contraire, dans son essence même, à toute moralité. Cela revient à dire : oui, je me comporte de manière résolument opposée à tout code moral, mais suis-je pour ma part légitimé d'agir ainsi, évoluant dans un domaine d'exception qui lui échappe et encourage même qu'on s'en éloigne. De surcroît, ce retournement de principe arbore à son tour le terme de la « légitimité ». Dans cet état de la culture de l'entreprise, les sèmes « moral » et « légitimité » acquièrent un statut d'énantiosème, comme le mot « hôte » signifie autant l'invité que l'invitant, le verbe « remercier » désigne à la fois le fait de reconnaître et de rejeter...

L'éthique des affaires en renfort

A posteriori, on s'est demandé en « éthique des affaires » comment surmonter ce clivage, comment concilier la morale élémentaire telle qu'elle s'est traduite en théologie ou en philosophie à travers les âges et les missions qui étaient confiées aux employés d'une entreprise. La contradiction est au demeurant frontale. Il arrive même que, doctement, des éthiciens des affaires fondent en théorie cette opposition observable entre la morale traditionnelle et celle que le milieu des affaires s'est arrogée. Par exemple en réduisant la morale à des cas de conscience individuels, dans une affaire de malversation dont fut tenu responsable un employé : si le procédé est « juridiquement condamnable », reconnaissent-ils, celui-ci reste « moral du point de vue de l'entreprise », dans la mesure où l'entité pour laquelle il travaille profite de son geste, et que la fin ultime du travail de l'employé est d'œuvrer aux bénéfices et aux intérêts de qui l'emploie[4]. Il peut donc se révéler moral d'être immoral quand on se montre immoral au profit d'une entité qui ontologiquement méconnaît la morale. Cette aberration de l'esprit passe la rampe à la condition de réduire la morale à une casuistique individuelle et d'ériger l'entreprise dans un au-delà des objets sociaux.

Jean Moussé, éthicien, cite pour sa part le cas d'entrepreneurs qui se dissimulent derrière la lettre de la loi pour plaider la légitimité de leurs actes. « Le pétrolier qui confie une lourde cargaison à un transporteur peu fiable peut-il s'estimer irresponsable des dégâts causés par un naufrage dès lors qu'une société agréée a donné quitus au départ du bateau ? » se demande-t-il à l'époque où le navire pétrolier *Erika*, indirectement affrété par Total, provoquait une importante marée noire au large des côtes bretonnes, en France[5].

---

4 Pierre Combe et Philippe Deschamps, *Éthique en toc. Le management des valeurs en entreprise*, Paris, Les Presses du management, 1996, p. 44-45.

5 Jean Moussé, *Éthique des affaires : liberté, responsabilité. Le décideur face à la question éthique*, Paris, Dunod, 2001, p. 10.

Sur ces questions, Jennifer Abbott, Mark Achbar et Joel Bakan y vont, eux, d'une hypothèse sans fards et sans autocensure[6]. Ils ont cherché à cerner ce qu'il en était du profil psychologique de la grande entreprise mondialisée, dans la mesure où celle-ci a acquis dans la modernité le statut de « personne », qui plus est – ironie de l'histoire – de « personne morale ». Leur question : puisque, en l'entreprise, on a affaire en droit à une « personne », quel est ce curieux monstre auquel les sujets politiques modernes se sont soumis ? La réponse est froide et cruelle : l'entreprise est une personne psychopathe : manipulatrice, mégalomaniaque, narcissique, enfermée dans des perspectives à courte vue, incapable de remords, dépourvue de tout sens des responsabilités, insensible à la souffrance d'autrui, mais très au fait de ses propres intérêts. Ils se fondent notamment sur la lecture qu'en fait le psychologue Robert Hare[7].

Généalogie comptable de la morale

Étonnamment, l'histoire nous enseigne que ces contradictions entre morale élémentaire et personne morale ne sont qu'apparentes. L'histoire en question,

---

6 Joel Bakan, *La corporation. La soif pathologique de profit et de pouvoir*, Montréal, Transcontinental, coll. « Commerce », 2004 ; et le documentaire du même nom coréalisé par Mark Achbar et Jennifer Abbott, *The Corporation*, Big Picture Media Corporation, 2003, 145 min.

7 Bakan, *La corporation*, *op. cit.*

c'est surtout celle que déterra le philosophe Friedrich Nietzsche dans sa *Généalogie de la morale*. Il signale à la veille de l'entrée dans le XXe siècle que le domaine de la morale, dans sa modalité fonctionnelle et instrumentale moderne, ainsi que l'univers comptable et marchand prévalant à notre ère, ne se présentent pas de manière autonome l'un par rapport à l'autre. Un alliage paradoxal et pervers avec le domaine de la morale préside à l'apparition de l'esprit d'entreprise dans l'histoire. « La notion morale fondamentale de "faute" a tiré son origine de la notion très matérielle de "dette"[8]. » Un long développement s'ensuit : une théorie sur l'équivalence des fautes et des châtiments s'est développée au détriment d'un agir dégagé de toute considération comptable du moindre écart. Mais les fondateurs et thuriféraires de ce système moral sont intéressés. Il s'agit par lui d'élever au rang de valeurs un certain nombre de directives et de buts qui servent une classe particulière, pour soumettre, humilier et décourager quiconque n'en convient pas.

Dans l'histoire, donc, rien de tel que *la* morale n'a existé, au sens d'un état d'esprit et d'un régime de pensée unique qui aurait traversé les différentes époques qu'a connues l'Occident. Elle ne connaît aucune

---

8 Friedrich Nietzsche, *Généalogie de la morale*, Paris, Flammarion, coll. « GF », 1996 [1887] ; ou *Sur l'invention de la morale. Généalogie de la morale*, deuxième traité, Paris, Flammarion, coll. « GF », 2018, § 4.

correspondance historique, cette morale monolithique que balaient systématiquement du regard, en guise d'aide-mémoire superficiel, les auteurs d'ouvrages en « éthique des affaires ». Il arriva plutôt au mot « moral » de recouvrir des réalités hétérogènes. Avant que nous nous en emparions, nous autres, modernes, la morale supposait une attitude de promesse et de grandeur, celle par exemple du grand style, rendue possible par des siècles d'épreuves et de souffrances atroces, une *préhistoire* incompatible avec nos modalités sociales, selon laquelle le déchaînement des instincts s'observait à la manière d'une offrande faite aux dieux. Nul calcul, nul esprit comptable, nulle équivalence ne venait dans une vie mesurer les châtiments auxquels pouvaient être soumis d'infortunés sujets, au regard de *fautes* qu'ils avaient commises ou de *valeurs* qu'ils avaient bafouées. La cause en revient à l'idée d'une équivalence « de la souffrance et du dommage[9] » lorsqu'un sujet se trouve endetté formellement par rapport à un autre, écrit Nietzsche. « La relation contractuelle entre le *créancier* et le *débiteur* qui existe depuis qu'il y a des "sujets de droit", et qui à son tour renvoie aux formes premières de l'achat, de la vente, du troc et du commerce[10] » est au centre du modèle moral occidental. Le plaisir du

9 *Ibid.*
10 *Ibid.*

châtiment est en cause lorsqu'un sujet prometteur n'est plus en mesure de payer ses gages.

> Le débiteur, pour inspirer confiance en sa promesse de remboursement, pour donner un gage du sérieux et de la sainteté de sa promesse, pour inculquer à sa conscience le devoir, l'obligation de rembourser, gage par contrat avec son créancier, pour le cas où il ne rembourserait pas, une chose qu'il « possède » encore par ailleurs, sur laquelle il a encore puissance, par exemple son corps, sa femme, ou sa liberté ou encore sa vie [...]. Or le créancier pouvait en fait infliger au corps du débiteur toutes sortes d'outrages et de tortures, par exemple en découper ce qui paraissait approprié au montant de la dette ; il y eut à cet égard très tôt et en tous lieux des estimations exactes entrant parfois d'une façon horrible dans le détail le plus minutieux, se rapportant suivant la *règle* aux membres et à chaque partie du corps [...]. L'équivalence est obtenue par le fait qu'au lieu d'un avantage survenant directement en compensation du dommage (donc au lieu d'une compensation en argent, en terre, en propriété de quelque espèce que ce soit), on accorde au créancier une espèce de *sentiment de bien-être* en contrepartie et comme compensation, le sentiment que procure la capacité d'assouvir sa puissance sur un être impuissant, la volupté de « *faire le mal pour le plaisir de le faire* »[11].

11 *Ibid.*, § 5.

Il s'entend qu'à l'échelle de peuples entiers, la limite se fait mince entre la privation de biens matériels, de terres et de propriétés et les souffrances atroces que l'auteur décrit.

Nietzsche rappelle des époques autrement morales où des puissants n'étant pas dans le besoin se faisaient une fierté d'absorber des dettes, que ce soit sur un plan matériel ou sur celui de l'intégrité physique. La morale ancienne en est une de grandeur d'âme, de puissance non pas au sens de domination des autres, mais de ce qui fait la dignité des êtres. Forts des épreuves de mon passé en tant que je les ai incorporées en moi, je suis capable de promesse, de grandeur, de puissance.

Là-dessus vint la morale moderne. Nietzsche la présente comme étant volontiers comptable, au sens historique où elle apparaît en même temps que l'essor du monde marchand et de son régime d'équivalence, et en lien avec lui. Pour la première fois dans l'histoire, un créancier prend plaisir à faire souffrir un débiteur devenu insolvable en lui faisant subir des châtiments à l'égal de ses fautes et de ses dettes. C'est alors d'une fête qu'il s'agit, fête du ressentiment et de la petitesse devant le spectacle de la soumission d'autrui. La « souffrance » devient la « compensation de la dette » et s'érige même en motif de réjouissance, avant de fonder une casuistique privée en lien avec la figure de Dieu. La morale est le nom de code de ce rapport de domination comptable.

Nietzsche mobilise alors tout un régime métaphorique lié au monde marchand pour penser la faute en tant que dette (autour de l'étymologie allemande *Schuld* et *Schulden*), entre créanciers qui ont une autorité en matière de définition des termes de la morale et débiteurs qui doivent continuellement payer un tribut à ces moralistes au pouvoir.

On entre alors dans une période médiocre, où les faibles érigent leurs petites modalités comptables au rang de valeur : la faute, la dette, le jugement et les châtiments correspondants amènent les sujets à intérioriser un petit censeur qui les traque en permanence.

Mais il reste un impensé que Nietzsche tentera d'éclairer crûment : ce système de la morale est juge et partie, c'est la dimension intéressée de son élaboration elle-même.

Une nouvelle expertise : l'éthique des affaires

C'est à même cette contradiction opérationnelle que se développera le marché d'une nouvelle expertise : l'éthique des affaires. Celle-ci vise à prémunir le monde des affaires contre des pratiques, attitudes, discours et méthodes qui risqueraient, à terme, de concourir à sa perte. On est alors très loin de la pensée de Nietzsche qui affranchissait précisément la morale de modalité d'intérêts comptables. On est plus loin encore de Baruch Spinoza, le maître en la matière pour qui l'éthique, au contraire de la morale, relevait d'un postulat sur le rôle impératif de la raison dans l'organisation de relations constitutives des sujets, lesquelles « augmentent la puissance d'être », c'est-à-dire les rendent meilleurs, plus sensibles, plus éveillés, plus vifs, plus dignes, plus grands. Ce n'est donc pas un régime de conviction ni même une philosophie qui est en cause, mais une approche stratégique au vu des mœurs d'une époque. La question sous-jacente de cette « éthique des affaires » : Que nous permettent les mœurs au regard des entreprises de capitalisation financière et d'acquisition de pouvoir qui sont les nôtres ? En cela, l'argument principal plaidant pour l'éthique des affaires dans les différents livres, manuels et articles publiés consiste précisément à présenter l'éthique comme une bonne affaire. Comme une démarche propice à la réalisation de bonnes affaires. Ou, pour le dire autrement, comme un investissement auquel il faut bien consentir parfois si on souhaite arriver à ses fins en affaires.

Entre mille exemples, le « Que sais-je ? » de Jean-François Daigne sur la question rappelle que « faute de règles éthiques garantissant leur fonctionnement correct, bien des mécanismes économiques et de nombreuses entreprises n'ont finalement qu'un rendement médiocre[12] ». Octave Gélinier traite, lui, carrément

---

12 Jean-François Daigne, *L'éthique financière*, Paris, Presses universitaires de France, coll. « Que sais-je ? », 1991, p. 8.

d'une « valeur ajoutée par la confiance » qu'un comportement dit « éthique » produit à long terme, l'expression étant, s'il vous plaît, inscrite dans son ouvrage en caractères gras[13]. L'éthique, écrit-on ailleurs, rend l'entreprise « non seulement plus agréable sur un plan humain, mais aussi plus efficace sur le plan économique[14] ». Un petit guide pratique sur le sujet met en lumière, de son côté, les avantages de l'éthique en ce qui concerne la gestion du personnel, le rapport aux fournisseurs et les relations publiques avec la clientèle[15].

Même s'il est plus subtil et désintéressé, Amartya Sen, dans ses écrits de référence sur la question, incline en ce sens : une société dans sa globalité doit valoriser des règles comportementales convenables moralement pour favoriser le climat de confiance dont dépend ultimement le développement des affaires. Reprenant les figures des boucher, boulanger et marchand de bière besognant par intérêt personnel plutôt que par un pur souci humanitaire, Sen déclare de ces figures qu'elles n'ont de sens, y compris dans l'œuvre d'Adam Smith d'où elles proviennent, qu'en fonction d'un cadre social

---

13 Octave Gélinier, *L'éthique des affaires. Halte à la dérive !* Paris, Seuil, 1991.

14 Combe et Deschamps, *Éthique en toc, op. cit.*, p. 30.

15 Daniel Corfmat, Marc Chambault et Georges Nurdin (dir.), *Gouvernance et éthique des affaires. Recommandations pour une meilleure gouvernance en entreprises moyennes, PME et PMI,* Paris, L'Harmattan, coll. « Gouvernance et entreprise », 2012, p. 26-27.

dit « éthique ». « Le soin qu'apportent ces différentes parties à leurs propres intérêts peut sans doute réussir à les *motiver* toutes à prendre part à un échange dont chacune profitera. Mais le bon déroulement de cet échange dépendra aussi de certaines conditions en matière d'organisation », soit un ordre éthique à l'échelle sociale[16].

C'est donc à toute une économie des mœurs que renvoie potentiellement le champ de l'éthique des affaires, bien plus qu'à une simple casuistique de dirigeant d'entreprise. D'une part, l'éthique, c'est payant, car on est récompensé en monnaie sonnante et trébuchante lorsqu'on en fait preuve : notre personnel travaille mieux, car il nous apprécie et notre clientèle se fidélise, car elle croit en nous. D'autre part, au-delà de ses seules opérations commerciales et marchandes, c'est toute une société, dans son organisation et son idéologie, qui rend possible la confiance dont dépendent les opérateurs pour fonctionner.

Il en ressort une modalité analytique particulière, celle de l'« acceptable ». Qu'est-ce qui se révèle acceptable de la part d'une entreprise, au vu des mœurs ? Où commence le jugement du public ? Où se vérifie la

---

16 Amartya Sen, « L'éthique des affaires a-t-elle un sens économique ? », dans Alain Anquetil (dir.), *Éthique des affaires. Marché, règle et responsabilité*, Paris, Vrin, coll. « Textes clés de l'éthique des affaires », 2011, p. 53.

méfiance des employés ? À quel seuil les fournisseurs se rebiffent-ils ? Quand une entreprise devient-elle infréquentable, objet même de boycottage ? Si une entreprise en perte de repères « glisse vers l'inacceptable », est-ce à dire qu'elle « risque à tous niveaux hiérarchiques son honneur, sa crédibilité, sa conscience[17] » ? Pour répondre à tant d'angoissantes questions, les entrepreneurs doivent s'entourer de spécialistes en éthique ; ceux-ci les éclairent sur « ce qui est considéré comme acceptable ou non par le milieu (loi incluse) et par la conscience des acteurs[18] ». Un tel questionnement à l'interne rejoint le critère de l'« acceptabilité sociale » dans la théorie de la gouvernance, une approche de la gestion visant à soumettre toute réalité sociale aux modalités de gestion propres au domaine privé[19].

Journaliste juridique, Delphine Iweins soutient la réflexion jusqu'à présenter ces phénomènes coutumiers comme étant plus importants encore que le droit contraignant. Que la firme Total s'en sorte dans l'arène judiciaire, avec son armée d'avocats et ses moyens illimités, lorsque des organisations indépendantes la poursuivent au nom du « devoir de vigilance » pour ses activités ougandaises dénoncées comme étant

---

17 Combe et Deschamps, *Éthique en toc, op. cit.*, p. 14.

18 Gélinier, *L'éthique des affaires, op. cit.*, p. 9.

19 Alain Deneault, *« Gouvernance ». Le management totalitaire*, Montréal, Lux, coll. « Lettres libres », 2013.

écocides et liberticides, il n'empêche que l'esprit de la loi l'emporte à l'échelle sociale, opine-t-elle. Elle poursuit : en raison de l'évolution des mœurs, les entreprises adoptent par elles-mêmes des règles d'éthique qu'on n'arrive pas à obtenir de manière impérieuse de la part de tribunaux. « La crainte que les consommateurs ou les futurs salariés ne se détournent des entreprises mises à l'index semble plus efficace », lit-on dans son journal, *Les Échos*. « Pour rester attractif, mieux vaut faire preuve de la plus grande transparence et formuler son engagement dans ses statuts. Certaines entreprises, telles qu'Atos, Danone, Veolia, Carrefour, Orange, Michelin ou encore Yves Rocher, l'ont bien compris[20]. » L'article n'explique pas pourquoi Total, qui n'apparaît pas dans sa liste, n'a subi aucun contrecoup de la part d'un vertueux public effarouché par son comportement controversé, lorsqu'elle s'est trouvée outrancièrement innocentée par les tribunaux.

Des éthiciens des affaires poussent même le bouchon jusqu'à proposer qu'il revient aux entreprises, aujourd'hui, de promouvoir l'éthique et de s'en montrer les ultimes gardiens. Les mouvements contestataires de 1968 ayant prétendument jeté par-dessus bord la morale élémentaire, seule l'entreprise peut aujourd'hui constituer un milieu où se redessinent

20 Delphine Iweins, « Éthique des affaires : pourquoi il est si délicat de légiférer », *Les Échos*, 2 mars 2020, p. 10.

des règles de droit succédant à « la vieille Morale [...] jetée aux orties ». Elle se découvre, au-delà de sa mission productive et commerçante, devoir « produire du social et enrichir les rapports humains ». Il s'ensuit un triple rapport à une « Morale » majuscule restituée par elle, désignant d'abord les possibilités de fonctionnement de l'organisation, ensuite l'application d'un droit positif, enfin une série de principes tirés de la Bible sur les vertus relatives au travail[21]. Avec des prétentions pareilles, il devient aisé pour des spécialistes de l'éthique des affaires de couvrir de légitimité l'exploitation d'un pétrole extraordinairement sale – et destructeur de la communauté des Cris du lac Lubicon – comme celui de l'Alberta, dans l'Ouest canadien. Ezra Levant osera intituler *Ethical Oil: The Case For Canada's Oil Sands* son livre entourant de vertu cette filière d'activité pourtant mondialement pourfendue[22].

Qu'importe. C'est ainsi, en somnambules, qu'éthiciens des affaires, juristes et journalistes égrènent leur chapelet. Il suffit pourtant de retourner la problématique telle qu'elle est présentée pour en mesurer la gravité. Et la faiblesse des arguments apportés. En éthique des affaires, la ligne idéologique stipule qu'il

---

21 Combe et Deschamps, *Éthique en toc*, *op. cit.*, p. 34-38.

22 Ezra Levant, *Ethical Oil: The Case For Canada's Oil Sands,* Toronto, McClelland & Stewart, 2010. Pour le contrepoint, Andrew Nikiforuk, *Les sables bitumineux : la honte du Canada. Comment le pétrole sale détruit la planète,* Montréal, Écosociété, 2010.

doit y avoir éthique, *car* celle-ci est « profitable ». Force est donc de comprendre qu'il ne peut y avoir éthique que *si* c'est profitable.

L'éthique devient dès lors une dimension de la vie de l'entreprise, que celle-ci administre au chapitre des éléments constituant son *image*. Cette éthique qu'on lui prête à la manière de sa bonne réputation se présente à elle comme un actif. Elle s'entoure de conseillers pour jauger les risques qu'elle court en allant dans le sens de ce qu'elle entend faire par-dessus tout. L'éthique s'inscrit dès lors strictement comme un indicateur de risques. Elle relève le fait d'obstacles. Elle n'entre qu'en cela au titre de la subjectivité managériale. L'éthique des affaires consiste alors aussi en une prothèse psychologique qui confère de la bonne conscience à l'entrepreneur pouvant se targuer d'avoir « fait de l'éthique », « suivi des séminaires d'éthique », en marge de ses activités de gestion.

L'éthique dont il est question ne regarde en rien des convictions, mais un ensemble de tactiques visant à satisfaire de vagues attentes publiques. Il suffit qu'un peuple soit distrait par des campagnes de marketing savamment mises au point par les spécialistes auxquels les mêmes grandes entreprises recourent, qu'il soit indifférent à des questions sur lesquelles il ne s'arrête pas spontanément, qu'il ignore les tenants et aboutissants de dossiers complexes et qu'il se révèle de toute façon trop accaparé par les problèmes quotidiens...

pour qu'une firme donne alors libre cours à ses passions les plus viles, à ses instincts les plus bas, à ses desseins les plus condamnables.

L'éthique ainsi instrumentalisée est tout entière soumise à cet impératif de la profitabilité. Mais qu'on la rende souveraine et, au contraire, elle pourrait alors s'imposer au point d'abolir le régime même de la profitabilité illimitée, qui porte dans l'histoire le nom de capitalisme. Un sens de l'éthique ancré subjectivement, partagé intimement, conséquent philosophiquement, en serait un qui pourrait entraîner des raisonnements suffisamment libres pour que l'on conçoive sereinement le démantèlement des multinationales – pouvoir outrancier sur des enjeux névralgiques concentrés entre trop peu de mains, et ce, à des fins vénales –, celui des grandes banques – puissances capables de générer *ex nihilo* des devises et d'influencer des pouvoirs publics sans aucune légitimité politique – ainsi que le capitalisme lui-même comme idéologie – un régime de pensée qui postule l'organisation de la société au profit de l'idée de croissance, laquelle bénéficie de manière exponentielle à une minorité d'oligarques disposant de capitaux, à savoir des actifs excédentaires qui restent les médiations de rapports de pouvoir démesurés sur le réel.

Lorsque dans le syntagme l'« éthique des affaires » le premier terme l'emportera sur le second au point de le faire disparaître au besoin, l'expression pourra être prise au sérieux.

Maîtres anonymes

On doit à Gérard Mordillat la télésérie remarquée sur Arte dans les années 1990, *Corpus Christi.* Il s'agissait d'une lecture factuelle de la vie de Jésus, le personnage mythique redevenant, grâce aux interprétations d'historiens et de théologiens, une figure historique presque palpable. Être capable de cerner un sujet d'aussi loin, avec un sens chirurgical de la spéculation, rend l'intéressé apte à cerner une autre figure messianique, vulgaire celle-là, celle du chef d'entreprise. Dans le documentaire qu'il a coréalisé à son sujet dans les années 1970, *La voix de son maître*[1], les patrons s'effarouchent et s'agitent pour tenter de se faire exister intellectuellement, aux belles heures du marxisme, du syndicalisme politique et du socialisme parlementaire. Il s'ouvre sur une scène proprement invraisemblable dans laquelle des chefs d'entreprise réunis redoublent d'inventivité pour trouver la tournure sémantique qui les agrée le

1 Gérard Mordillat et Nicolas Philibert, *La voix de son maître,* INA, Laura Productions et SERDDAV, 1978, 100 min.

mieux afin de se dire eux-mêmes. Or, procédant par élimination et disqualifiant tour à tour les expressions « maîtres », « patrons », « managers », « chefs d'entreprise » et bien d'autres encore (« nouvel animal politique », « gagneurs » ou « conquérants du possible » !), ils se trouvent, en traquant leur ombre, à se trahir et à se portraiturer. C'est un cas spectaculaire de dénégation freudienne : traitant de tout ce qu'ils estiment ne pas être, ils étalent d'eux-mêmes leur fait en tant que cela est inavouable, qui plus est dans un ridicule qu'ils semblent les seuls à ne pas savoir apprécier. Puis, un à un, les patrons s'épanchent. Y passent l'annonce d'une souveraineté privée s'érigeant sous la forme des multinationales, le pouvoir anonyme d'un capital mondialisé rendant légitime la figure autoritaire et non démocratique du PDG, les nouvelles pratiques de management faisant du subordonné le partenaire de la structure qui l'opprime, la neutralisation ou le dépassement de l'État social. Le pouvoir industriel et financier nous annonce lui-même, dans un français daté et dans un noir et blanc d'un autre temps, l'organisation du monde telle que nous la connaissons maintenant, celle-là même dont nous crevons. Comme le montrent les réalisateurs dans des effets de montage, ces propos deviennent hégémoniques dès cette époque, et passent dans les foyers à la manière d'un évident discours de référence. C'est au plus près du développement de l'idéologie qu'on tourne ici. Plus besoin de Marx, les dirigeants parlent eux-mêmes dans les termes de l'ancienne critique, se dépersonnalisent dans de prétendues lois de l'histoire et règles du management au sens où, s'ils se croient compétents, ils se savent surtout interchangeables. Le contraste brutal entre les prises de position angéliques des patrons et les scènes témoignant d'un accablant travail à la chaîne de la part de leur personnel semble moins relever d'un mensonge de leur part que d'une situation d'ignorance. Comme le signalera un sociologue comme Luc Boltanski à la même époque, le patron est celui qui fixe des objectifs et des directives sans nécessairement savoir par le menu comment s'organise le travail dont les rendements dépendent[2]. David Graeber le corroborera plus tard[3]. Paradoxalement, on finit par regretter cette époque où les dirigeants du secteur privé se montraient aussi ouvertement conscients de leur positionnement historique et social – les marxistes les y contraignaient – et aussi prolixes. Aujourd'hui, seuls les PDG successifs de Total, en France, le restent autant. Dans ce documentaire exceptionnel, ce n'est pas seulement leur discours qui pèse, mais le dispositif où ils choisissent d'être filmés,

2 Luc Boltanski, *Les cadres. La formation d'un groupe social,* Paris, Éditions de Minuit, coll. « Le sens commun », 1982.

3 David Graeber, *Bureaucratie. L'utopie des règles,* Arles, Actes Sud, coll. « Babel », 2017 [2015].

de même que les attributs du pouvoir qu'ils arborent et leur saillant langage du corps. C'est qu'une horde de *communicants* n'existent pas encore à l'époque pour les conseiller. Et les rendre invisibles.

C'est pour les faire apparaître de nouveau à la conscience que l'illustrateur Clément de Gaulejac a exposé ses œuvres à la Galerie de l'Université du Québec en Outaouais, sous le titre *Les maîtres du monde sont des gens*[4].

C'est qu'au fond, les maîtres du monde ne sont plus des gens. C'est tout le problème. Comme personnes, ils ne se supportent pas, se constatant si petits, si vils, si incompétents... C'est la raison pour laquelle ils ont éprouvé le besoin de se sublimer dans tellement d'entités fictives, et ce, des suites de créations juridiques dont le sens poussé n'a rien à envier aux novations des arts. Ces structures sont dites des « personnes morales », et c'est toujours « derrière » elles que se dissimulent et tantôt paraissent ceux qui tentent de s'attribuer un brin de mérite aux agirs de leurs mastodontes. La figure esthétique qui nous vient en tête est éculée, parce qu'elle s'est complètement affranchie du roman qui l'a enfantée, c'est la créature du docteur Frankenstein. Collectivement, barons voleurs, politiques complaisants et juges corrompus ont contribué à l'essor de

---

4 Clément de Gaulejac, *Les maîtres du monde sont des gens*, exposition, Galerie UQO, 15 octobre au 30 novembre 2020.

structures évoluant indépendamment d'ayants droit à la manière de sujets plus qu'humains. Les « personnes morales » dont il s'agit se laissent représenter par quelques mandataires qu'elles se donnent ; elles ont le don d'ubiquité, se faisant multinationales et polyvalentes, agissant donc simultanément sur les cinq continents tout en diversifiant leurs activités dans des secteurs hétérogènes, la fabrication d'armes côtoyant le divertissement de masse pour enfants et la production de biens agroalimentaires. Ces sociétés, les ayants droit les distinguent d'eux pour que jamais les turpitudes dont elles se montrent capables – provocation de marées noires, financement de seigneurs de guerre, soutien à des dictatures, collusion sur les marchés financiers, corruption politique... – ne les atteignent personnellement : Oui, je détiens massivement des actions de tel groupe multinational d'entreprises ; oui, je suis membre de son conseil d'administration et tente d'orienter son comportement dans le monde, mais je ne me porte en rien responsable de ce que fait mon monstre. Mon monstre s'appartient à lui-même. Des conditions extrêmes seulement peuvent amener les associés gérant une telle affaire à en être tenus responsables. Il ne reste qu'à bien entendre les termes formels pour ce qu'ils disent : ces gens mettent en commun leurs actifs dans des structures plus grandes qu'eux, qui – formellement et littéralement – prévoient de leur part une « responsabilité limitée ». Les « sociétés à responsabilité limitée » que le droit occidental a inventées se présentent comme substantiellement responsables de ce qu'elles font. Les membres qui s'associent créent donc une « société » qui les rend irresponsables en droit. « Les associés sont seulement responsables de leur propre négligence », explicite une source du ministère canadien de la Justice[5]. À contrario, ils ne répondent pas de celle de l'entité elle-même, l'entité elle-même, en dernière instance, ne répond donc pas d'eux. Elle est plus grande qu'eux. Ils profitent seulement d'un abonnement à un flux de revenus à même les bénéfices qu'elle dégage. « Les sociétés par actions sont considérées comme juridiquement distinctes de leurs propriétaires. Parce qu'elle est définie par la loi, une société par actions est une entité impersonnelle qui peut, en théorie, exister indéfiniment. Cela signifie que si le propriétaire meurt, l'entreprise peut poursuivre ses activités sans problème », précise pour sa part le site d'une autre organisation publique canadienne, la Banque de développement du Canada (BDC)[6]. On dit en France qu'un associé peut être jugé personnellement coupable s'il commet une faute grave, s'il se montre coupable de malversations ou de fraudes par exemple,

---

5 « Société à responsabilité limitée », *Cliquez-Justice*, page consultée le 25 octobre 2020.

6 « Société par actions », Banque de développement du Canada, s. d.

bref, « s'il est non conforme à l'intérêt de la société[7] », c'est-à-dire s'il est non conforme aux intérêts de la bête, laquelle, dans cette optique, continue d'exister en toute indépendance.

Les puissants sont de plus en plus réduits au rôle de bénéficiaires de machines à générer de la rente qu'ils ne comprennent même pas eux-mêmes. La théorie de la gouvernance et les modalités contemporaines de management consistent pour eux à rendre leurs employés de plus en plus autonomes et responsables, précisément pour ne plus devoir les diriger. On se contente de fixer des cibles ahurissantes, de laisser le personnel se former mutuellement, nonobstant le chaos de la concurrence dans lequel on le plonge, tout en le soumettant à la pression cruelle d'un harcèlement moral systématique qui vise, lui, à assurer un roulement de personnel d'inspiration darwinienne, les moins performants étant poussés à la démission des suites de procédures humiliantes, pour laisser la place au sang neuf de recrues qui se débattront comme des diables dans l'eau bénite... La parole du président n'est plus que cette rumeur que doit déchiffrer le cadre supérieur, véritable transistor entre l'incompétence de ceux qui règnent et le désarroi des dominés.

---

7 « La responsabilité des dirigeants de société », *Cours de droit*, 10 mai 2019.

Que deviennent les maîtres du monde lorsqu'on les retrouve au statut de gens ? Plus rien. Surtout pas des « maîtres » : ils ne maîtrisent rien. Aucune expression n'est plus mal choisie que celle d'« élite » pour dénoter cette engeance. C'est à leur veulerie qu'ils sont abandonnés lorsqu'ils regagnent leur dimension. Les plus imprudents prennent au sérieux leur succès et en font l'acte d'une exhibition téméraire. Ils donnent alors leur creux. Leur banalité, leur suffisance et leur bêtise sautent aux yeux ; elles semblent avoir crû plus que leurs avoirs dans l'exercice capitalistique qui fut le leur...

Comment donc mener un travail critique au sujet de ces fantômes[8] ? La métaphore et l'allégorie ont une importance majeure. Elles structurent la pensée tellement qu'elles aménagent des points aveugles. Un golem devenu détraqué au point de frapper à l'aveugle, se transformant donc, dans notre histoire, en un monstre du docteur Frankenstein. Il permet à l'esprit de faire un bond instantané dans la compréhension du problème, mais ces tremplins mentaux nous font atterrir dans du ciment frais, et nous nous en découvrons très rapidement captifs. Ces images nous enferment dans ce premier bond. C'est l'impression que donnent beaucoup de théories dont la compréhension est instantanée. L'image nous happe, nous fait progresser dans une

---

8 Clément de Gaulejac et Alain Deneault, *La croisière ne s'amuse plus*, Gatineau, Galerie UQO, série « Entretiens », nº 6, avril 2021.

sorte d'éblouissement nous privant ensuite de toute prise pour poursuivre. Alors doit-on changer d'image, varier les figures de style comme Tarzan passe d'une liane à l'autre.

Pourquoi sommes-nous si contraints à la figure de style, à l'allégorie, à la parabole ? De la métaphore – radicalement inévitable dans tout acte langagier –, le philosophe français Jacques Derrida expliquait qu'elle n'est pas seulement *économique* au sens où elle nous permet d'évoquer quelque chose en peu de mots – donc dans une épargne de mots qui nous amène à faire l'économie de toute une série d'explications –, mais qu'elle se montre telle aussi par ce qu'elle *produit* : la métaphore génère du sens et une aptitude à dire là où les recours usuels du langage viennent à flancher[9].

Ici, l'image de Frankenstein nous fait bondir dans l'impasse. Que dit-on encore, une fois enfermé dans cette modalité descriptive, de laquelle découle toute une discursivité sur les multinationales détraquées, les banques voraces, les gouvernements aveugles, avec un lot infini de descriptions ? Cette image nous sort à peine de celles qu'on voulait dénoncer. À ce titre, un banquier québécois actif au sein du système bancaire des paradis fiscaux dans les années 1970, Jean Doucet, pouvait paraître intéressant. On lui doit apparemment

---

9 Jacques Derrida, « La mythologie blanche » [1971], dans *Marges de la philosophie*, Paris, Éditions de Minuit, coll. « Critique », 1972.

l'esthétique kitsch dont nous sommes restés prisonniers à propos des législations offshore : les palmiers, les cocotiers, les îles exotiques, le sable, les coffres-forts de repaires occultes… Il s'agissait alors pour le pouvoir de désigner des lieux dans des termes flous à souhait, de façon à n'éveiller aucune curiosité critique. Dans ces années-là, Doucet n'eut aucun scrupule – de pair avec le fiscaliste suisse Édouard Chambost qui y ajouta une bonne dose de racisme – à recycler l'esthétique coloniale du XIXe siècle à propos de ces mêmes îles, ainsi que l'iconographie promue par les agences de voyages, pour camoufler à l'aide de cette série d'images la raison d'être des paradis fiscaux, en même temps qu'il s'agissait de la nommer. Au fond, les images critiques de la gauche intellectuelle, qui visent précisément à secouer ce cocotier pour en faire émerger autre chose, présentent à leur manière les mêmes caractéristiques : déplacer l'esprit pour faire voir ce qui passe inaperçu ou échappe à la pensée, tout en s'enfermant dans des modèles analytiques insuffisants.

Pris de court, on pourra toujours se représenter la multinationale en dernière instance comme une pieuvre. Parce qu'il faut faire sens immédiatement, parce qu'on veut que l'image soit parlante, parce qu'on veut frapper l'imaginaire, force est de partir d'un cliché déjà colporté, pas trop savant. Donc la pieuvre. Pour dire le référent de la multinationale, elle se présente nécessairement sous une forme décapitée par le droit.

L'usage discursif: les multinationales évoluent telles des pieuvres, le droit des affaires en vigueur dans la mondialisation financière permettant à leur conseil d'administration de gérer dans les multiples nations où elles se trouvent, comme *multi-nationales*, chaque filiale et entité particulière à la manière d'un tentacule. Dans ce cas, le tentacule se présente du point de vue du droit comme agissant seul, comme s'il n'appartenait à aucune pieuvre et qu'aucun cerveau ne le coordonnait quant à ses actions avec un autre tentacule présent dans une autre entité législative. C'est qu'en droit, les entités appartenant à une multinationale sont considérées comme étant autonomes, la multinationale en soi n'est pas un sujet de droit et n'existe en réalité pas plus, sur un plan juridique, que le père Noël. Un réseau d'entités créées dans une pluralité de législations en tant qu'elles sont indépendantes les unes des autres fonde de fait la multinationale, cette pieuvre; mais dans les aberrations du droit, chaque tentacule est perçu par chaque législation et juridiction comme une chose en elle-même se mouvant par sa seule volonté... D'où le problème qui s'ensuit: un pouvoir incontesté de la part de la multinationale qui continue d'exister, mais seulement de fait, et qui ne rencontre aucun contre-pouvoir. Aucun Parlement ni aucun juge ne peuvent statuer sur l'ensemble de son œuvre à l'échelle mondiale et multinationale, mais seulement sur l'agir de tel ou tel tentacule pris isolément.

L'image nouvelle génère une représentation nouvelle. C'est aussi l'occasion de traiter du caractère pervers des grands dirigeants d'entreprises, au plan clinique. Et de considérer que les sèmes dont on use pour en parler – « élite », « maîtres du monde », « dirigeants de la planète », « personnalités puissantes » – apparaissent à leur tour comme de stériles métaphores. En ce sens, l'expression les « maîtres du monde » peut apparaître à son tour comme une de ces allégories sans avenir. En travaillant sur le cas de la multinationale Total, par exemple, j'ai été choqué de découvrir à quel point les « maîtres du monde » assument sans complexe de n'être maîtres de rien. Qu'ils présentent même en dernière instance ce lâcher-prise sur le cours de l'histoire comme le fin du fin, le signe d'une intelligence exquise, une roublardise de dieu. Ainsi, la multinationale ne cherche pas à contrôler le monde, mais à le doubler suffisamment de sa présence en tous lieux pour qu'elle se trouve dans son ubiquité en position de tirer profit de toute conjoncture, quels que soient son évolution et ses retournements. Le prix du pétrole baisse : insistons sur la filière de la transformation ; ils augmentent : relançons la production. Et en géopolitique, si les États-Unis se braquent, nous cognerons à la porte de la Chine... Rien à voir avec quelque complot sciemment ourdi ou avec quelque force de frappe concertée pour faire marcher le monde au pas. On laisse au contraire le monde avancer en ordre dispersé ; et selon les impondérables de cette chorégraphie, on active les nombreux leviers qu'on s'est donnés pour tirer parti de l'agencement occurrent. Le « on » ici est volontairement opaque, car il comprend un ordre d'acteurs sociaux fort divers, qui va des cadres aux dirigeants, en passant par les actionnaires et une myriade de complices extérieurs, notamment dans le monde politique et les milieux scientifiques. Cet « on » répond en ordre dispersé lui-même, dans sa volonté de reprendre toujours la main. C'est en fait d'une jonglerie qu'il s'agit.

À force de brasser toutes ces images, il nous arrive de tomber sur des termes qui semblent extraordinairement parlants, comme s'ils contenaient en eux-mêmes la vérité sur ce qu'il s'agit d'en dire. Il ne reste plus qu'à les entendre et à les développer pour les laisser parler. Ce sont tout simplement les termes usités pour désigner comme tels les acteurs et les modalités en cause. Par exemple : « multinationale ». Par exemple : « capitalisme ». Oui, tout est là. La « multinationale » est puissante tout simplement par sa qualité *multinationale* qui s'annonce dans son titre. Elle est active dans plusieurs nations à la fois, elle se trouve donc de tous les côtés des frontières, elle n'est enfermée dans aucune et ne peut se laisser contenir par aucune, que ce soit sur le plan du droit, de la fiscalité, des investissements, des prises de décision. Même chose pour le capitalisme : tout est dans le mot. Est-ce sans doute la raison pour laquelle ceux qui en profitent l'utilisent de moins en moins souvent, lui préférant par exemple l'euphémisme d'« économie de marché ». Le capitalisme est le nom d'un ordre, d'un régime, d'une idéologie et d'un état d'esprit – tous contenus dans le suffixe « -isme » – dont la visée explicite est de favoriser le capital – la racine du mot –, c'est-à-dire, par définition, sa croissance, son accumulation, soit ce à quoi il est destiné, et ce, bien entendu, tout aussi rigoureusement : au profit d'une minorité qui en détient. Le capital n'est pas seulement un luxe ni de l'épargne, il constitue un ensemble d'actifs excédentaires et massifs destinés strictement à croître : des usines, des propriétés foncières gigantesques, de la matière première, des brevets et des savoir-faire techniques, du capital monétaire et, bien sûr, de la force de travail manuelle et intellectuelle. Beaucoup de force de travail...

Dans cet esprit, on comprend que ces maîtres du monde, s'ils sont des gens, c'est dans le sens évident d'un oxymore. Non pas au sens trivial où on pourrait dire qu'ils sont « des êtres humains eux aussi », mais au sens où ils ne peuvent être maîtres de rien. Ils ne sont pas maîtres-mais-seulement-avec-des-défauts, comme la première interprétation le laisse entendre, mais au contraire de cette impression courante, il s'agit de les présenter dépossédés de toute maîtrise, à la dérive, prisonniers les premiers de ce kitsch culturel dont ils ont été les ardents commanditaires, et d'une soif goulue de pouvoir qui ne leur appartient que dans un conformisme fidèle à leur esprit de classe. Qui ne se souvient pas de cette phrase étonnante par laquelle Marx introduit le capital :

> Ces personnes n'interviennent ici que comme personnification de catégories économiques, comme porteurs de rapports de classe et d'intérêts déterminés. Moins que toute autre encore, ma perspective, qui consiste à appréhender le développement de la formation économico-sociale comme un processus historique naturel, ne saurait rendre un individu singulier responsable de rapports et de conditions dont il demeure socialement le produit, quand bien même il parviendrait à s'élever, subjectivement, au-dessus de ceux-ci[10].

Les maîtres du monde sont des gens dans un univers où de simples gens, au vu de leur condition, ne peuvent nullement être maîtres de quoi que ce soit.

Les maîtres du monde sont des gens. Quel télescopage autodestructeur ! Le dire ainsi grippe complètement l'appareil idéologique. Là encore, la contradiction s'entend à même ce que disent, au plus près, les mots. D'abord les « maîtres » : il s'agirait là de gens désignés en fonction d'une aptitude particulière à la maîtrise. Le maître a pour caractéristique essentielle de se

10 Karl Marx, *Le capital. Critique de l'économie politique*, Paris, PUF, coll. « Quadrige », 1993 [1867], p. 6.

distinguer : tous les dictionnaires indiquent qu'il commande, ordonne, enseigne ou dresse l'*autre*, celui qui n'est pas maître. Mais il nous est alors rappelé que ces maîtres sont des gens, c'est-à-dire qu'ils appartiennent fondamentalement à la catégorie de ceux que rien ne distingue. Rien ne les détermine, donc. Ceux qui ont pour qualité une maîtrise particulière ne se distinguent en réalité de personne. C'est pourquoi ils requièrent tellement de prothèses. Celles-ci sont voyantes, criardes, lourdes et en réalité fort peu pratiques. Ce sont ces prétentions au savoir-administratif-en-tant-que-tel, par exemple, donnant à celui qui croit le détenir l'impression que sa sapience l'autorise à gérer tout autant un musée, un supermarché, un hôpital qu'un club de baseball. Gérer devient une activité intransitive permettant, à qui se croit en position de l'exercer, de se distinguer des gens. Disposer de capitaux laisse aussi présager le fait de cette supériorité hiérarchique. La presse financière le confirme, les écoles de commerce l'enseignent, les fondations privées le priment, les commanditaires le hurlent, et surtout, les grandes entreprises multinationales à responsabilité fort limitée font fonctionner à l'aveugle l'assertion... Combien d'énergie met-on à faire oublier que les maîtres du monde sont des gens ?

À force, oui, les maîtres du monde cessent d'être des gens. On ne les imagine plus du tout pérorer comme dans les années 1970 alors qu'ils étaient à la traîne du marxisme dans le combat des idées[11], tout simplement parce qu'ils ne cherchent même plus à avoir une vision du monde structurée, la glose technocratique leur suffisant. Mais ce faisant, leur éthos déteint sur tous leurs subalternes, et le technicien, l'artisan, ceux qui font partie de ce qu'on appelait jadis le « personnel », ne font plus désormais partie que d'une anonyme « ressource humaine ». Et à cela aussi, le cinéma et les arts se sont intéressés.

Dans le documentaire *Work Hard Play Hard*[12], on assiste à l'élaboration du dispositif de travail contemporain. Le management y est perçu ici de manière réflexive. Le film nous montre comment s'organise la vie professionnelle des salariés de grandes multinationales. Tout semble structuré pour dérouter la personne. La consigne : ériger un immeuble qui s'inspire de mots d'ordre convenus : dynamisme, vitalité, joie, créativité, esprit d'équipe, efficacité, amélioration et rapidité. Et y administrer conséquemment des *teams*. Il faut faire oublier au travailleur qu'il travaille, lui rendre le lieu de l'entreprise aussi familier que sa cuisine... Tout est conçu pour favoriser l'entregent puisque les théories de la gestion *prouvent* que 80 % de la créativité en entreprise provient du hasard des rencontres, des

11 Mordillat et Philibert, *La voix de son maître, op. cit.*

12 Carmen Losmann, *Work Hard Play Hard*, HUPE Film, 2011, 88 min.

discussions informelles, des idées attrapées à la volée, au détour d'un échange sans importance. Chaque mètre carré, nous dit le concepteur, doit refléter cette velléité : rendre *sympa* le lieu de travail, favoriser la créativité, le fondre à la nature. Or, la dissonance cognitive est totale. Comme ces mots de vocabulaire que Magritte appose en regard de signifiés qui n'ont rien à voir. Quid de la nature ? Le lieu est plus froid qu'un centre commercial, la vie peine à y reprendre ses droits, on y devient la figurine d'une maquette et le pixel d'un montage numérique. Le lieu hurle cette injonction schizophrénique : « Soyez spontanés ! » Le travail d'équipe est coercitif sous des allures volontaires. Les rapports informels qu'on dit susciter sont quadrillés en temps réel par d'opprimants relevés de performance. L'opération la plus triviale se voit conceptualisée dans un jargon quasi liturgique. Signe supplémentaire de cette perversion mondialement instituée : les anglicismes managériaux surabondent. *Team, culture* et *spirit* circulent nécessairement en anglais auprès d'un personnel pourtant germanique, car la pseudo-intimité parle une langue étrangère. C'est emblématique de ce que la vie professionnelle devient : non plus le fait de prestations rendues par des prolétaires plus ou moins bien rétribués, louant leurs facultés et aliénant leur force de travail, mais un éthos qu'ils acceptent d'adopter et de développer de manière totale, cédant leur personne entière au capital. La direction ne manque pas d'organiser des séances inquisitoriales nommément « intrusives ». C'est littéralement le cerveau du travailleur qu'on cherche à téléguider. Le salarié se sent alors au travail « comme chez lui » parce qu'il n'est chez lui nulle part. Certaines firmes le privent d'un espace propre, l'entraînant à réserver continuellement des endroits provisoires dans son immeuble, au point de lui faire perdre tout ancrage. Ces différents lieux de travail « ressemblent » tous à ce qu'ils ne sont pas et y « font tous penser » : sa propre cuisine, son salon, un lieu de travail intime où se concentrer, un café où on expédie les affaires courantes... Le simulacre est assumé. Il ne restera plus qu'à apporter ses dossiers à la maison pour y transformer sa cuisine en un bureau empreint de ressemblance avec son lieu de travail. « *Viel Spaß!* », se doit de dire la préposée à l'accueil d'une de ces entreprises aux visiteurs qu'elle fait entrer pour un rendez-vous : « Amusez-vous bien ! », « *have fun!* »...

Faire durer le développement

J'ÉCRIS À MES CONTEMPORAINS quant à un monde qui ne nous est pas encore contemporain. J'agis dans mon quotidien quant à un monde qui ne nous est pas encore quotidien. C'est dans ce tiraillement que je lis encore les journaux, comme on prend les nouvelles d'une étoile morte. Une planète morte. Aucun des paramètres par lesquels on s'entête encore à traiter de l'« actualité » ne tiendra bien longtemps. Le marché, la croissance, les politiques publiques... L'enfermement de la société dans le vieux paradigme confine à une étonnante indifférence à son égard. En politique, les uns s'accrochent à cette étoile pour en sauver les dernières illusions, une poussière de lumière. Les plus tristes déplacent et condensent leurs angoisses sur des objets de haine factices, soit des gens qu'on cherchera à présenter selon des différences absolutisées, et à qui on attribue follement tous les maux...

Quand une ville de l'Ouest canadien atteint les 50 °C avant de disparaître complètement dans les flammes, quand cette même communauté connaît six mois plus tard un changement de température de 100 °C à l'occasion d'un pic de froid de -50 °C, quand les États-Unis d'Amérique se perdent en ouragans depuis le début du siècle, lorsque 80 % des populations d'insectes disparaissent de l'Europe en une poignée de décennies, lorsque des millions de réfugiés environnementaux cognent aux portes de l'Occident, les illusions du marketing d'entreprise et le bavardage des oligarques finissent par céder, de la même manière que le verbiage des ministres soviétiques faisait rire ouvertement à la fin des années 1980. On a beau vouloir en rajouter sur le mode de l'autosuggestion et de la servitude volontaire, ça ne tient plus.

Des décennies de politiques d'extrême centre n'ont pas polarisé la gauche et la droite, mais les ont confinées à des chimères. La planète morte n'offre de prises à rien de tangible sitôt qu'on la reconnaît privée de ce qui était tangible en elle. Un million d'espèces menacées de disparition, un climat qui surchauffe, des glaciers qui fondent, des forêts qui brûlent, des eaux qui engloutissent des villes, un désert qui avance au rythme de réfugiés climatiques refoulés par hordes... Les raz-de-marée, les ouragans, les famines, les guerres civiles, le fascisme de vociférateurs éperdus, les communautés de fortune qui se réinventeront pour sauver le peu qui restera... À quoi peut-on encore sérieusement s'accrocher ?

Nous ne sommes plus des citoyens, mais des cassandres. Aptes à sentir ce qui vient, nous nous montrons incapables d'en parler. Nous avons, pour nous y essayer, des syntagmes technicistes plein la tête. C'est en termes de dioxydes en « parties par millions », de « température mondiale moyenne » comparée à l'ère précédant les machines à charbon, de Terriens responsables de l'histoire universelle, de modèles comptant les années par paquets de millions... que nous partons en quête d'une spiritualité perdue.

Des idéologues offrent une formidable adversité pour que nous en restions là. Tous les vocables donnés en partage, à coups de notions subventionnées à l'université, de contraintes lexicales pour le financement d'organisations « non » gouvernementales, de formules idéologiques promues à l'unisson par des instituts privés et ministères publics, visent à faire de l'adhésion au capital un horizon indépassable. Doit demeurer impensée l'idée même d'un modèle autre se substituant à l'ordre marchand voulu mondialement par des entités hégémoniques. La « gouvernance » radie le terme devenu ancien de « politique », et place les règles de l'entreprise privée au centre de tout modèle d'organisation de la vie sociale. L'expression « développement durable » gomme celle de « société durable » du Club de Rome, et place les entreprises non plus en position d'objets d'études, mais de sujets, non plus en position de problèmes, mais de solutions. L'« acceptabilité sociale » biffe ses ancêtres, les « projets de société », et ne devient plus que réactive à ce qui s'offre à elle. Les « ressources humaines » raturent tout ce qu'il pouvait y avoir de personnel à la lutte des classes, lesquelles sont entre-temps devenues des « parties prenantes ». C'est en décelant dans des points de croissance la confiance du peuple que nous cherchons à réenchanter le monde. Des barbarismes nous occupent les mâchoires comme des cailloux : « clientèles », « valeur ajoutée », « compétitivité », « processus », « croissance »... À l'aune de ces variables désespérons-nous de nous donner une psychologie : l'optimisme, la relance, l'indice de bonheur...

Et cela dure, goutte à goutte, comme un supplice. Des discours clivés, décalés, déliés, schizoïdes résonnent en alternance avec ces chansons sottement mielleuses qui accompagnent notre consommation obligée.

Œuvre éloquente de la récupération par le régime du discours et de la sensibilité écologistes, le rapport onusien au titre insignifiant, *Notre avenir à tous*, ayant jeté les bases, en 1987, de la notion oxymorique de « développement durable[1] ». Son auteure, l'ex-première ministre de Norvège et ex-ministre de l'Environnement Gro Harlem Brundtland, a signé le rapport après avoir

1 Gro Harlem Brundtland, *Notre avenir à tous. Comment faire entrer les sciences en démocratie*, New York, Commission mondiale sur l'environnement et le développement (CMED), ONU, 1987.

été nommée présidente d'une commission baptisée « Développement et environnement », qui en annonçait déjà les thèses et la conclusion, à savoir que le développement et l'environnement se montrent non seulement compatibles, mais que seul le premier rendrait possible la protection du second. Surtout, ce rapport, beaucoup plus idéologique que scientifique, se voulait une réponse bien particulière à celui, déterminant, signé par le Club de Rome en 1972, « Les limites à la croissance », ou le rapport Meadows[2]. Ce rapport consistait à présenter comment la croissance du capital – et par conséquent la pression que sa grande industrie fait subir sur les territoires et océans – concourt à sa perte et constitue le problème essentiel du phénomène massif de pollution et d'annihilation du vivant en bien des endroits du monde. Le rapport Brundtland ne conteste pas ces données ni ses analyses, il les *réplique* seulement, c'est-à-dire qu'il les reproduit en se positionnant comme la référence de prédilection en matière écologique, avec pour seule nuance la conclusion et l'intitulé qui chapeaute la démarche, à savoir que le souci écologique doit se penser par le prisme du développement, de la prospérité et de l'industrie plutôt qu'à son encontre.

---

2 Dennis Meadows, Donella Meadows et Jørgen Randers, *Les limites à la croissance (dans un monde fini)*, Paris/Montréal, Rue de l'Échiquier / Écosociété, coll. « Initiales DD » / coll. « Retrouvailles », 2012/2013 [traduction de l'édition de 2004 du rapport initialement publié en 1972].

Pour le régime, depuis l'ONU, il ne s'agit pas tant de militer pour ses thèses et de leur conférer force de loi dans des articles qui vont entrer en vigueur dans différentes législations du monde, que de continuer à les inscrire de manière plaquée dans un corpus de référence qui les contredit. Préconiser ainsi le « développement durable » plutôt que la « décroissance », c'est-à-dire tabler sur le rapport Brundtland plutôt que sur celui des Meadows pour aborder la question écologique, c'est appréhender la chose en cherchant à réaliser la quadrature du cercle, c'est la penser en adoptant un lexique orwellien pour se persuader que la cause du problème est en réalité sa solution, c'est plaquer un discours intéressé sur une situation qui exige de la grandeur, c'est chercher à prendre conscience d'un phénomène dramatique à partir d'attrape-nigauds. Car un impensé doit subsister dans la démarche : envisager dare-dare la fin du capitalisme en tant que cause du marasme. Tant qu'on peut sacraliser la doctrine du capital, tant qu'on peut en faire la source exclusive de toute action politique et sociale, y compris pour remédier à ce qu'il détruit, tout discours pourra être entendu. La *durabilité* et la *viabilité* de tout programme et de tout engagement seront recevables tant que c'est au nom du *développement* et de la *prospérité* qu'on l'envisagera. Le discours *vert* sera bienvenu tant qu'il servira d'épithète à un *capitalisme*. L'*intégration territoriale* sera admissible tant qu'elle participera de la *gestion*. Ces intitulés sont cruciaux : ils fondent les prémisses implicites qui entrent en contradiction avec les prétentions et les dualités stériles : choisir entre l'écologie et l'économie ; soumettre les avancées en matière écologique aux lois du marché et à l'ingénierie techno-instrumentale ; mettre dans la balance la protection du territoire et la création d'emplois...

Les États n'en finissent plus de convenir que la catastrophe est imminente, que l'heure des changements radicaux est venue, que la situation est grave, sans toutefois ne jamais remettre en cause leur bilan. Ainsi, au moment où s'ouvraient les travaux de la COP26 en 2021, les 20 plus grandes puissances mondiales (G20) ont réitéré leur adhésion aux Objectifs du développement durable, établis en 2015[3]. Or, plusieurs échéances ambitieuses de ce programme avaient déjà été lamentablement ratées. Par exemple, « d'ici à 2020, réglementer efficacement la pêche, mettre un terme à la surpêche », ainsi qu'« aux pratiques de pêche destructrices et exécuter des plans de gestion fondés sur des données scientifiques, l'objectif étant de rétablir les stocks de poissons le plus rapidement possible[4] ». Au-delà de nombreuses productions critiques[5], la très

3 « Déclaration de Rome des chefs d'État et de Gouvernement du G20 », Présidence de la République, 1er novembre 2021.

4 « Objectifs de développement durable », article 14.4.

5 Philippe Cury et Daniel Pauly, *Mange tes méduses ! Réconcilier les cycles de la vie et la flèche du temps*, Paris, Éditions Odile Jacob,

peu militante Organisation de coopération et de développement économiques (OCDE), cette même année 2020, qualifiait d'« urgente » toute initiative « pour freiner la surpêche, améliorer la gestion des pêches et réformer le soutien au secteur, faute de quoi on ne parviendra pas à assurer la conservation et l'utilisation durable de l'océan et de ses ressources comme le prévoyait un objectif clé des Nations Unies[6] ». Mais on continue à y croire indépendamment de la signification du contenu, comme on le fait encore pour de bien présomptueux « Objectifs du millénaire pour le développement ».

Monologuant sans contrainte, le G20 attribue à la seule crise sanitaire les retards encourus dans son programme. Là encore, ces « Objectifs du développement durable » sont l'occasion de verser des larmes de crocodile sur le sort des pays du Sud, en entrevoyant de substituer aux pêches le très polluant tourisme.

Dans toutes ces manifestations rhétoriques, un impensé doit demeurer : que le développement industriel et l'impératif de croissance soient contestés, comme notions, de manière critique.

---

coll. « Sciences », 2013 ; Didier Gascuel, *Pour une révolution dans la mer. De la surpêche à la résilience,* Arles, Actes Sud, coll. « Domaine du possible », 2019 ; Ali Tabrizi, *Seaspiracy. La pêche en question,* A.U.M. Films / Disrupt Studio, 2021, 89 min.

6 OCDE, « Il est urgent d'agir pour freiner la surpêche et réformer le soutien au secteur halieutique », communiqué, 10 octobre 2020.

À la fin des années 1980, cet aberrant syntagme « développement durable », comme bien d'autres expressions appartenant au régime idéologique de la gouvernance, s'est imposé dans le jargon ministériel, même dans les discours militants, et jusque dans des intitulés de programmes et des centres de recherche. Pourtant, on ne doit ce genre d'expression à aucun chercheur particulier, à aucune instance universitaire indépendante ou à quelque intellectuel de renom, mais à des organes gouvernementaux réputés près de l'entreprise privée.

La commission « Développement et environnement » de l'ONU cherchait à présenter le développement au sens capitalistique et entrepreneurial comme étant compatible avec l'inquiétude suscitée par la pollution massive dont se rendait coupable notre régime industriel et financier. Peu importaient les points qu'on allait développer, sous la forme de trois piliers – environnement, société, économie.

> Le concept est devenu le cri de ralliement de tous ceux qui s'intéressent au développement économique et à la protection de l'environnement, c'est-à-dire à l'harmonisation de l'économie et de l'écologie... C'est un peu comme si madame Brundtland et son équipe de commissaires avaient réussi à trouver une formule magique capable de réconcilier les militants de l'écologisme et les tiers-mondistes d'une part, avec les bureaucrates

> gouvernementaux et les entrepreneurs développementalistes de l'autre.

C'est l'objectif[7]. Ce procédé alchimique s'est rapidement trouvé absorbé par la grande industrie et la haute finance comme un simple élément de rhétorique[8].

D'un point de vue épistémologique, cette notion de « développement durable » prévoit la production de données modélisées afin d'organiser un équilibre dans les rapports entre le « développement » et le vivant. D'une part, on réfléchit à l'empreinte humaine dans son activité (quantité de poissons pêchés, nombre d'hectares de forêts coupés, masse de dioxyde de carbone envoyée dans le ciel…) et la capacité de l'habitat naturel à encaisser ces impacts pour se régénérer lui-même. Cela garantit donc la stabilité, la « durabilité ». Penser ainsi, c'est, implicitement du moins, postuler les conditions de possibilité d'un tel équilibre.

Or, la critique perçoit cette notion comme passéiste dans un monde en pleine mutation. On s'y intéresse au moment où elle n'a plus d'actualité. Les conditions de possibilité ne sont plus réunies pour garantir la possibilité même d'un tel équilibre. Les

---

7 Jean-Guy Vaillancourt, « Le développement durable ou le "compromis" de la Commission Brundtland », *Cahier de la recherche éthique,* nº 15, 1990, p. 21.

8 Catherine Figuière, « L'écodéveloppement, le développement durable autrement », *The Conversation,* 9 mai 2019.

gaz à effet de serre qu'on a propulsés dans le ciel il y a dix ans commencent seulement maintenant à avoir des répercussions, avec leurs boucles de rétroactions et leurs phénomènes exponentiels (fonte du pergélisol, libération du méthane contenu dans l'Arctique, réduction des glaciers qui entraîne sur les étendues marines une attraction des rayons solaires et une conservation de la chaleur, laquelle accentue cette même fonte...). Bref, il n'y a plus de substrat stable sur lequel s'appuyer pour gérer un rapport équilibré.

Christophe Bonneuil et Jean-Baptiste Fressoz, dans leur déterminant *L'événement anthropocène*, disqualifient la notion sur un plan épistémologique. Celle-ci laisse entendre qu'on peut réguler notre rapport à la nature, en articulant certains indicateurs pour maintenir disponible une ressource qu'on a l'intention d'exploiter encore très intensément. Penser ainsi, c'est faire comme si, hormis les quelques variables qu'on retient, toutes choses restent égales par ailleurs (*ceteris paribus sic stantibus*). Or, à l'époque des bouleversements climatiques, de l'extinction de masse des espèces, de la contraction des espaces forestiers, de l'anthropocène et de la perspective multicrise à laquelle ils ouvrent au XXIe siècle, rien n'est égal par ailleurs, tout bouge, tout se transforme. Pour le pire et de façon irréversible.

> L'anthropocène annule donc le projet irénique et rassurant d'un « développement durable ». Ce concept dérivait de la notion de « rendement soutenu maximal » conçue par les gestionnaires des ressources halieutiques des années 1950, elle-même héritière de la notion de « gestion soutenable » (*nachhaltig*) des sciences forestières allemandes du XVIIIe siècle. Il véhicule deux illusions aujourd'hui malmenées par l'avènement de l'anthropocène. Premièrement, il laissait croire à la possibilité de perpétuer une croissance économique moyennant un peu plus de « conservation » de l'environnement. [...] Deuxièmement, la notion de « développement durable » reposait également sur l'idée d'une nature linéaire et réversible et l'existence d'un régime stationnaire idéal[9].

Mais dans un temps où le substrat même de la nature est altéré en profondeur par les effets destructeurs de l'activité industrielle, s'enquérir de la modification de quelques paramètres ne suffit pas, alors que l'ensemble chavire et qu'il convient de se questionner sur un processus d'autodestruction.

Quelles qu'aient été les thèses et leur validité relative, le but était tout entier dans la conclusion : faire de

---

9 Christophe Bonneuil et Jean-Baptiste Fressoz, *L'événement anthropocène. La Terre, l'histoire et nous,* Paris, Seuil, coll. « Points histoire », 2016 [2013], p. 36-37.

l'entreprise privée, de son *développement* à l'origine de la crise écologique depuis le début de l'ère industrielle, et des acteurs qui fanfaronnent sur les plus importantes tribunes sociales depuis des générations de règne oligarchique, les *sujets* de cette histoire, et non pas ses objets. Autrement dit, force était de faire du développement le prisme par lequel une réponse allait être donnée à la crise, et non un point qu'on se donnerait en tant qu'il dût être dépassé.

Cela ne trompe plus les lecteurs avertis. Anna Bednik, journaliste de terrain reconnue pour ses travaux sur les sites d'exploitation extractifs, écrit :

> Les oxymores brouillent les repères. Ce sont des « chimères sémantiques », pareilles au monstre mythique à tête de lion et à ventre de chèvre, qui laissent entendre qu'il suffit de réunir dans un syntagme des notions incompatibles pour créer une nouvelle réalité. De cette façon, la formule du « développement durable », forgée par le rapport Brundtland en 1987, est venue clore le débat sur les limites physiques de la croissance économique, sauvant le consensus productiviste et extractiviste mis en danger par le succès du rapport Meadows en 1972[10].

10 Anna Bednik, *Extractivisme. Exploitation industrielle de la nature : logiques, conséquences, résistances,* Neuvy-en-Champagne, Le Passager clandestin, 2016.

Même ceux qui y ont cru un temps n'y voient aujourd'hui que du vent. L'historien des sciences Dominique Pestre conçoit l'expression comme un « slogan », « un leitmotiv plastique dont chacun se revendique, mais qu'il interprète librement », à l'instar d'autres barbarismes de l'époque comme la « bonne gouvernance ». Il regrette que de telles expressions, incontestables du fait qu'elles restent floues, empêchent la critique et nuisent même à quiconque les remet en question[11].

Dans cette catégorie, Jem Bendell fait même partie des repentis du « développement durable ». Spécialiste en la matière, professeur à l'université de Cumbria en Angleterre, membre du comité de rédaction du *Sustainability Accounting, Management and Policy Journal*, les lectures qu'il additionne à l'occasion d'un congé sabbatique à la fin de la décennie 2010 l'amènent à revoir complètement ses positions : les changements climatiques comportent trop de conséquences majeures, irrémédiables et systémiques pour que nous puissions continuer à réfléchir en somnambules aux quelques paramètres que nous pourrions altérer pour maintenir le régime productiviste que nous servons ; il est anormal que les spécialistes du « développement

---

11 Dominique Pestre, *À Contre-science. Politiques et savoirs des sociétés contemporaines*, Paris, Seuil, coll. « La couleur des idées », 2013, p. 176-177.

durable » ne traitent jamais de ces questions de fond. Si l'article qui en a découlé, qu'il a proposé au comité de la revue dont il faisait partie, a été… refusé, au motif qu'il n'était pas suffisamment « scientifique », il a tout de même été à l'origine du mouvement civique Extinction Rebellion, qui sauve l'honneur.

Un climat insupportable

LA REPRÉSENTATION SOURIANTE du mouvement écologiste, l'option enviable qu'il semblait constituer parmi d'autres, la transition tranquille à laquelle il nous invitait, l'occasion d'alliances électorales qu'il donnait... virent désormais à la confrontation. Il ne suffit pas simplement d'acheter pour voter. Le recyclage des ordures ne sauve pas les âmes. L'emballage « vert » des produits de la grande distribution devient lui-même un problème à l'heure du zéro déchet. L'époque n'est plus à la convivialité spontanée, à l'harmonie facile, au *buen vivir* emprunté. Un autre climat s'installe. Atmosphérique comme psychologique. Les deux sont intimement reliés.

Le débat se fait vif entre les tenants de la lucidité – ceux qui ne veulent plus se mentir et regardent en face la perspective de l'effondrement des ensembles vivants, lequel entraînera les organisations sociales – et les autres, qui voudraient tant qu'on les berce encore d'un peu d'illusions. Yves Cochet, ancien ministre de l'Environnement de la République française et « collapsologue » à l'Institut Momentum, nous dit que pour s'en sortir, il faudrait tout de suite diviser la production nationale par dix[1] ! Aborder ainsi le propos, c'est s'assurer de perdre ses amis avant même d'avoir terminé son exorde. Annoncez à un proche qu'il faut impérativement, et sur-le-champ, mettre fin à la consommation des produits laitiers. Enjoignez-lui de devenir végétalien. Dites-lui de tous les voyages dont il parle encore qu'ils étaient les derniers. Que sa voiture doit tout de suite appartenir également à ses cinq voisins immédiats... On vous engueulera. Parce que notre mode de vie est devenu davantage que le symbole d'une appartenance de classe, mais un droit, mais un gage de liberté. Qu'on soit de gauche ou de droite ne change rien au culte du pouvoir d'achat. C'est branchées à nos élaborations psychiques que se racontent nos petites et grandes possessions. Il ne vient à l'esprit de presque personne que les scènes les plus banales de notre cinéma – sauter dans une voiture, manger sur le pouce un repas chaud, changer de chemise plusieurs fois par semaine – apparaîtront de la science-fiction avant longtemps.

Mais ces menus différends ne sont rien à côté de la tension vive que contient intérieurement l'appareil psychique de tout un chacun. « Pourquoi notre cerveau veut-il ignorer le changement climatique ? » se demande

1 « L'effondrement de notre civilisation », entretien d'Yves Cochet accordé à Clément Montfort, *Next*, 21 décembre 2017.

George Marshall en sous-titre d'un livre qui établit la caractérologie des sujets résistant à l'évidence : la crise écologique et le changement de paradigme auquel elle préside[2]. Sa table des matières suffit à faire surgir en notre esprit une multitude de personnages conceptuels, du scientifique qui n'ose pas braver les railleries de ses pairs au technolâtre certain qu'on dégotera bien un machin capable de nous sauver du pire, en passant par le sujet incapable de formuler la moindre expression permettant de briser la glace, écrasé qu'il est par le poids de la censure ambiante, et l'esprit comptable enfermé dans les colonnes du pour et du contre invalidant la gravité de la situation.

Le sujet le plus représentatif du temps est celui qui, désespéré, mesure la vanité de ses efforts. Qu'il rompe avec la société de consommation, qu'il crée un jardin communautaire le rendant suffisant au prix d'efforts inouïs et adopte un régime de vie des plus frugaux, qu'il se déplace en âne et se soigne avec les plantes qu'il cultive... il mesurera qu'au-delà d'une expérience personnelle pouvant se révéler enrichissante, il ne changera rien dans l'heure à l'hypothèse sérieuse d'un effondrement imminent de nos dynamiques écologiques et sociales. Son engagement n'aurait de sens

---

2 George Marshall, *Le syndrome de l'autruche. Pourquoi notre cerveau veut ignorer le changement climatique*, Arles, Actes Sud, coll. « Domaine du possible », 2017 [2014].

qu'en vertu d'un « si » magique, à savoir que « si » tous s'y mettaient subitement dans la minute même, nous mettrions les chances de notre côté. Sinon, notre entendement reste indifférent aux menaces qui ne sont pas immédiates, spectaculaires, abruptes. Nous nous faisons collectivement à la mort lente.

Nous sommes donc de plus en plus nombreux à vouloir nommer sans détour ce qu'il en est de notre conjoncture, mettre fin aux coalitions stériles et aux discours mielleux qui taisent l'identité des coupables et qui s'accommodent du régime qui nous a plongés dans cet état de misère. Le discours des « petits pas dans la bonne direction » tient de la bêtise quand on connaît la proximité des échéances qui nous séparent de ruptures historiques graves. Mais dans ce climat d'urgence, nous ne trouvons pas les mots pour réaliser le projet annoncé par Murray Bookchin : faire de la question écologique une cause commune claire et conséquente[3]. Nous ne savons pas traiter de cette question alors qu'elle se révèle la plus immédiatement et terriblement cruciale.

Ne parlons même pas de l'esthétique de la catastrophe que le cinéma d'Hollywood a mise en avant ni de champs d'expertise des sciences traitant nommément du sujet. Le catastrophisme n'a de sens que s'il nous permet d'éviter la catastrophe, donc que s'il entre en lien

---

3 Murray Bookchin, *Une société à refaire. Vers une écologie de la liberté*, Montréal, Écosociété, coll. « Retrouvailles », 2011 [1993].

avec une force historique capable d'action[4]. Or, les productions à grand déploiement, pas plus que les théories mathématiques se réclamant explicitement de la catastrophe[5], ne peuvent y parvenir. Les premières exaltent autant le dramatique dont est capable une œuvre de fiction que notre profond sentiment d'impuissance. Les secondes intègrent l'apocalypse à des modèles arithmétiques donnant l'impression de pouvoir gérer l'inacceptable plutôt que de tenter de le conjurer.

Que nous reste-t-il pour parler, pour se dire en notre temps, lorsque nous faisons fi du jovialisme boy-scoutiste des mouvements écologistes heureusement conviviaux, d'un cinéma stérile par ses côtés inutilement stressants ou des théories mathématiques jonglant très abstraitement avec les grenades dégoupillées de la catastrophe ?

Une proposition de réponse : le discours le plus usuel. Dans leur livre *L'événement anthropocène*, Christophe Bonneuil et Jean-Baptiste Fressoz signalent un fait préoccupant quant à nos modalités de prise de conscience de la situation écologique dans laquelle nous sommes : elle reste pensée dans les termes, méthodes et discours des sciences qui ont contribué à

---

4 Annie Le Brun, *Perspective dépravée. Entre catastrophe réelle et catastrophe imaginaire*, Paris, Éditions du Sandre, 2011.

5 James Gleick, *La théorie du chaos. Vers une nouvelle science*, Paris, Flammarion, coll. « Champs », 2021 [1987].

nous y plonger. Car les analystes de l'excès de pouvoirs des sujets humains sur l'ensemble du territoire, des océans et du vivant – c'est-à-dire l'« anthropocène » – proviennent précisément des sciences exactes qui ont présidé au développement d'appareils techniques et industriels de production ayant provoqué les maux qu'on constate. Comme le relèvent Bonneuil et Fressoz :

> Cette histoire de l'anthropocène s'écrit dans le grand livre de la comptabilité environnementale de la planète dont les stocks sont un « capital » et les flux des « impacts » ou des « services » à mesurer. [...] Sous des intitulés comme « Évaluer les impacts humains sur le système Terre » ou « Interactions homme-nature », ces récits historiques d'un nouveau type regorgent en outre de concepts et de méthodes jusqu'ici peu familiers aux historiens, tels les « systèmes non linéaires », les « modèles multiagents », la « modélisation », la « capacité adaptative », la « résilience » et les « systèmes socio-écologiques »[6].

Ces géotechniciens, océanologues, climatologues et autres spécialistes ne font pas que paramétrer les approches selon lesquelles on devient à même de mesurer quelque peu l'état d'effondrement de la

---

6 Christophe Bonneuil et Jean-Baptiste Fressoz, *L'événement anthropocène. La Terre, l'histoire et nous,* Paris, Seuil, coll. « Points histoire », 2016 [2013], p. 73.

biodiversité et des bouleversements climatiques. Ils en écrivent l'histoire. Une histoire officielle. Autrement dit, l'histoire des mutations biologiques et climatiques qui nous oppriment et nous poussent vers un changement de paradigme brutal n'est pas l'œuvre d'historiens ni le fait de penseurs attendus des sciences sociales. Elle reste froidement technique, abstraite, aseptisée. Cette histoire se présente comme la résultante d'un vaste modèle tirant ses données de courbes démographiques, d'émissions de particules, d'indicateurs économétriques, de données productivistes à propos de matières premières, mais elle n'explique rien. Elle nous apparaît comme le symptôme d'une incapacité à nommer le problème en hissant notre conscience à sa hauteur, une incapacité à prendre la mesure de son envergure.

Donc, pour en parler hormis la luminosité joyeuse qu'irradient les emballages verts et les utopies communautaires, il reste les sciences exactes, la technologie, la géo-ingénierie, le capitalisme vert. Ces éléments discursifs se mélangent tous en réalité, et continuellement abordons-nous l'enjeu écologique dans une confusion de références entre tous ces modes d'expression. Un peu d'utopie se mêle à des pratiques consuméristes et à des données paramétrées fournies par des ingénieurs de la nature. Mais cette dernière source d'information est déterminante dans le façonnement collectif de notre conscience écologique. Car elle remplit un office idéologique dont notre régime actuel ne peut absolument pas se passer, et qui continue à le perpétuer, à savoir rendre la perspective de son renversement ou de son interruption impensable. Ou inscrire dans sa dynamique historique propre et exclusive toute réflexion sur l'écologie. On ne se doute pas à quel point notre pensée écologique dépend des éléments de langage de cette droite libérale et capitaliste. Bonneuil et Fressoz, ainsi que Clive Hamilton[7], signalent que nous devons le terme d'« anthropocène » à Paul J. Crutzen, un chimiste et météorologue qui a d'abord réfléchi aux perspectives d'une guerre nucléaire pendant la guerre froide, pour ensuite renouveler ses analyses en fonction de l'enjeu climatique. De son point de vue d'architecte de la géo-ingénierie, le terme « anthropocène » ne témoigne chez lui ni d'une hubris ni d'une source d'inquiétude, mais au contraire d'une mission de l'humanité. Dans une optique impériale, il revient de droit aux sujets humains de gouverner le vivant ainsi que le climat afin d'en toujours mieux disposer. Il s'agit ici de méthodes techniques au caractère indiscutablement théorique devant permettre de régler le climat mondial à la manière d'un thermostat universel, à partir d'éléments chimiques qu'on envoie dans le ciel par exemple, ou d'infrastructures permettant de réfléchir les rayons

---

7 Clive Hamilton, *Les apprentis sorciers du climat. Raisons et déraisons de la géo-ingénierie,* Paris, Seuil, coll. « Anthropocène », 2013.

solaires. La géo-ingénierie participe de toute une série d'approches visant, pour des détenteurs de capitaux et des acteurs de la technoscience, à prêter aux savoirs instrumentaux la capacité de trouver une solution aux problèmes écologiques de l'heure. Le capitalisme et son prodigieux appareil de production, sans parler de sa culture reposant sur la surconsommation et le gaspillage, ne sauraient passer un seul instant pour les causes du problème, mais pour les leviers permettant d'envisager encore l'avenir. Ainsi, les panneaux photovoltaïques, batteries de pointe et autres tours éoliennes, ou encore l'exploitation du gaz naturel sur un mode non conventionnel, seraient censés nous protéger des crises écologiques annoncées puisqu'ils sont présentés (souvent abusivement) comme émettant moins de ces gaz à effet de serre qui accentuent le réchauffement climatique... mais en négligeant de traiter les effets indirects qui concourent pourtant à leur augmentation (besoin massif de minerais qui entraînent ce type de pollution) et en faisant fi des autres aspects de l'écologie que ces procédés mettent en péril : les nappes phréatiques, les terres arables, les forêts, les modes de vie traditionnels non polluants.

Les sophismes s'énoncent en quelques secondes, mais on doit parfois mettre des heures pour exposer leur vanité. Ainsi en va-t-il de la déclaration du président français, Emmanuel Macron, en marge de la 26e grande conférence des Nations Unies sur le climat, organisée à Glasgow au Royaume-Uni. « Si on ne réindustrialise pas le pays, on ne pourra redevenir une nation d'innovation et de recherche », lançait-il comme on lancerait un sac de nœuds, pour convaincre de son intention de pallier le phénomène du réchauffement climatique.

Les régimes établis prétendent à la science du gouvernement et s'auréolent eux-mêmes d'une sagesse pour conduire les sociétés. Aussi ne répondent-ils jamais de leur bilan politique. Monopolisant l'ordre du discours pondéré et raisonnable, ils parviennent ainsi, de manière péremptoire, à masquer leurs contradictions en poursuivant leur marche destructrice du vivant.

D'abord, la France et ses partenaires du G20 poussent maintenant l'outrecuidance jusqu'à faire ouvertement de la crise climatique l'objet d'un nouveau marché technologique profitant aux grandes entreprises qui l'ont provoquée, tout en reprenant en somnambules les antiennes d'une lutte contre les bouleversements climatiques qui s'éloignent de toute réalité. Ainsi, pour l'Élysée, la « transformation en profondeur de notre modèle[8] » signifie en réalité son intensification. Il ne s'agit en rien de minimiser le rôle du marché comme médiateur social, de retirer à la consommation

8 « L'écologie, combat du siècle », Présidence de la République, 13 février 2022.

nationale sa fonction de moteur de l'économie, ni de revoir le pouvoir exorbitant que détiennent ces nouvelles souverainetés privées que sont les multinationales, mais, nonobstant la crise écologique inouïe dans laquelle nous nous enfonçons d'ores et déjà, de garantir le maintien du marché comme régime d'organisation, le rôle que la consommation de masse y joue et la fonction dominatrice qui est dévolue aux multinationales.

Les États accentuent même le trait en demandant en termes voilés aux multinationales d'assurer la transition écologique sans nuire à leurs intérêts, c'est-à-dire en garantissant le cadre idéologique qui leur est profitable. C'est à l'instar d'un nouveau marché de très grande ampleur que leur est présentée la crise. Une occasion. C'est pourquoi l'Élysée fait de la transition énergétique une « transition des consommateurs » soutenue par l'État. On incite les petites gens à s'équiper d'appareils prétendument écologiques. Or, ce soutien de l'État, allant de l'échelle individuelle à celle du territoire, en passant par les collectivités, suppose un déplacement de la pression. Les panneaux photovoltaïques, batteries de pointe, voitures électriques, tours éoliennes et autres représentent un leurre dont le marché de la transition a besoin pour prospérer. Au prétexte de minimiser la pollution atmosphérique, on met sous pression le secteur minier pour qu'il produise les infrastructures requises afin de transformer le soleil, l'air et l'eau en énergie utilisable. Pourtant, exploiter les terres rares ou l'uranium pour générer cette énergie, et envisager un lourd travail industriel pour recycler les alliages qui les composent dans un avenir pas très lointain, lorsque ces appareils seront usés, constituent une source très importante de pollution. Ce problème se trouve externalisé dans le discours politique afin de donner aux « solutions » proposées un vernis de légitimité.

Il reste ensuite à faire des conséquences dramatiques de ce type d'exploitation un nouveau marché. À partir du sommet de la Terre de Rio en 1992, la climatologie, l'océanographie, l'halieutique, la foresterie et différents secteurs de la biologie compteront en leur sein des gestionnaires de ressources traitant le vivant selon un tableau de bord imaginaire, calqué sur leur modélisation du monde. Pour faire face au plus urgent, c'est-à-dire contenir la hausse de la température mondiale au-dessous du seuil critique de 2 °C depuis le début de la révolution industrielle, des géo-ingénieurs se proposeront de propulser à très grande échelle des aérosols sulfatés dans l'atmosphère, de peindre en blanc des kilomètres carrés de rochers, de stocker hasardeusement le carbone sous la terre (comme on dissimule la poussière sous le tapis) ou encore de fertiliser l'océan avec du fer pour favoriser artificiellement, au mépris de l'équilibre écosystémique, la pousse d'algues captant le CO_2.

Donc, pour traiter le taux ahurissant de monoxyde de carbone déjà émis dans l'atmosphère, les idéologues continuent de placer le marché au centre de tout, en voyant en ce problème l'occasion de nouvelles techniques hasardeuses, telles que la propulsion de particules de soufre dans la haute atmosphère, le fait de peindre massivement des espaces rocheux en blanc ou le stockage du carbone dans le sous-sol[9]. Tout, donc, pour maintenir en opération le régime productiviste en vigueur, voire le favoriser.

---

9 Hamilton, *Les apprentis sorciers du climat*, *op. cit.* ; Pierre Oscar Lévy, *Les apprentis sorciers du climat*, Arte / Artline Films, 2015, 84 min.

Plus de choix

LA MODERNITÉ OCCIDENTALE a dressé ses sujets à choisir. Et cette injonction n'est pas le moindre de ses paradoxes. Depuis la fin du XVIIIe siècle, la fondation de la République française et sa déclaration des droits du citoyen, à la suite et à la source de toute une série de traités définissant la souveraineté politique comme l'aptitude à décider, ont fini de hisser le choix, le *libre* choix, au rang de chose sacrée. Notre devise : choisir en tout ; n'en avoir plus le choix.

« Délibérer » est le terme qui prévaut pour saisir cette propension civilisationnelle à discuter et à réfléchir pour trancher, cela en un seul et même acte. Nous délibérons au carré, sur les formes de délibération elles-mêmes, de manière infiniment spéculaire. Les modernes ont pensé l'institutionnalisation de la politique et l'élaboration de forums délibérants comme un gage du progrès.

Qu'elles semblent en effet lointaine l'éthique d'Aristote et son analyse de la délibération comme d'une disposition nécessairement contenue dans certaines limites. Ce qu'il appelait l'« ordre du monde », mais aussi les fondamentaux de la géométrie, la météorologie ou encore les phénomènes culturels étrangers à ceux de sa cité : bien des enjeux ne supposaient nullement qu'on puisse en délibérer. L'esprit acceptait alors de buter sur des thèmes résistant à l'acte de choisir.

> Est-ce qu'on délibère sur toutes choses, autrement dit est-ce que toute chose est objet de délibération, ou bien y a-t-il certaines choses dont il n'y a pas délibération ? Nous devons sans doute appeler un objet de délibération non pas ce sur quoi délibérerait un imbécile, ou un fou, mais ce sur quoi peut délibérer un homme sain d'esprit. Or, sur les entités éternelles, il n'y a jamais de délibération : par exemple, l'ordre du Monde ou l'incommensurabilité de la diagonale avec le côté du carré. Il n'y a pas davantage de délibération sur les choses qui sont en mouvement mais se produisent toujours de la même façon, soit par nécessité, soit par nature, soit par quelque autre cause : tels sont par exemple, les solstices et le lever des astres. Il n'existe pas non plus de délibération sur les choses qui arrivent tantôt d'une façon, tantôt d'une autre, par exemple les sécheresses et les pluies, ni sur les choses qui arrivent par fortune, par exemple la découverte d'un trésor. Bien plus : la délibération ne porte même pas sur toutes les affaires humaines sans exception : ainsi, aucun Lacédémonien ne délibère sur la meilleure forme de gouvernement pour les Scythes. C'est qu'en effet, rien de tout ce que nous venons d'énumérer ne pourrait être produit par nous. Mais nous délibérons

> sur les choses qui dépendent de nous et que nous pouvons réaliser. [...] Et chaque classe d'hommes délibère sur les choses qu'ils peuvent réaliser par eux-mêmes[1].

Or, les modernes ont sans cesse repoussé la frontière du choix. Tellement que les rares sujets restés tabous passent aujourd'hui pour des défis lancés à la raison. La technologie de pointe est devenue si performante qu'elle emporte les conceptions traditionnelles de l'éthique. Dans *Le principe responsabilité*, le philosophe Hans Jonas les présente comme étant tout à fait dépassées. « La technique moderne a introduit des actions d'un ordre de grandeur tellement nouveau, avec des objets tellement inédits et des conséquences tellement inédites, que le cadre de l'éthique antérieure ne peut plus les contenir[2]. » Alors qu'on commence, à notre époque, à mesurer l'impact du vaste appareil industriel sur le climat de la planète et l'habitat des humains, il constate que les innovations de la civilisation productiviste sont aptes à créer un nouveau sujet, et qu'elles sont capables de modifications d'une portée incommensurable autant dans l'espace que dans le temps long.

---

1 Aristote, *Éthique à Nicomaque*, Paris, Vrin, coll. « Bibliothèque des textes philosophiques – Poche », 1990 [IVe siècle av. J.-C.], v. 1112a-1113a.

2 Hans Jonas, *Le principe responsabilité. Une éthique pour la civilisation technologique*, Paris, Flammarion, coll. « Champs essais », 2013 [1979], p. 30.

« L'homme lui-même a fait partie des objets de la technique », ajoute-t-il, considérant que la biologie cellulaire s'emploie à prolonger l'espérance de vie jusqu'à des seuils autrefois invraisemblables, que la manipulation génétique peut décider de son évolution ou que les sciences biomédicales interviennent dans le cerveau pour influencer les comportements en profondeur. Il se voit donc relégué à l'histoire, ce sujet qui, jadis, se croyait fermement défini par des attributs essentiels, et circonscrit dans un rayon d'action nettement délimité. Désormais, une invention peut prétendre à une application sans frontière géographique ou temporelle. Ses effets deviennent en tous les cas difficilement mesurables ou prévisibles.

Jonas, dès les années 1970, songe à des cas de conscience éthiques de l'ordre de ceux que considérera dans le détail la sociologue Céline Lafontaine, quarante ans plus tard, dans son essai *Le corps-marché*, en étudiant les pratiques commerciales de la « réingénierie du corps ». « Proposant une solution biologique aux problèmes sociaux posés par le grand âge, écrit-elle, l'entreprise s'inscrit dans une logique de capitalisation de la santé où les individus sont appelés à investir financièrement en vue de prolonger leur vie[3]. » Et, de

---

3 Céline Lafontaine, *Le corps-marché. La marchandisation de la vie humaine à l'ère de la bioéconomie*, Paris, Seuil, coll. « La couleur des idées », 2014, p. 49.

fait, la médecine ne consiste plus à faire reculer telle ou telle pathologie selon des méthodes circonscrites, ou à prévenir les maladies par une hygiène de vie indiquée, mais à combattre la dégénérescence la plus naturelle.

L'important laboratoire américain Geron, par exemple, confère de la vraisemblance à ce qui s'apparente pourtant à une hallucination: grâce à ses recherches dans le domaine de la médecine régénératrice, doubler son espérance de vie apparaît soudainement possible pour des sujets nantis. La distinction sociale afférente à ce pouvoir d'achat repose d'ailleurs peut-être davantage sur cet élargissement ostentatoire de l'éventail des choix que sur le bénéfice réel qu'il y a à prolonger effectivement de plusieurs décennies sa présence ici-bas. En vérité, choisir l'option de la longévité n'est-il pas sans comporter quelque vertige existentiel ? Problème de riche.

La biotechnologie CRISPR se veut pour sa part un « ciseau génétique » apte à fragmenter l'ADN à des fins thérapeutiques avant la naissance, selon une approche ouvertement eugéniste.

> Cette nouvelle possibilité, rapide, précise et peu coûteuse de manipuler les gènes, soulève toutefois des enjeux éthiques, juridiques et sociaux. En utilisant cette technologie, les chercheurs peuvent désormais modifier les cellules de tout organisme vivant, dont les cellules germinales (spermatozoïdes et ovules). Et c'est là que le bât blesse. Contrairement aux autres cellules,

> ces dernières transmettent leur patrimoine génétique à la descendance. Autrement dit, les enfants pourraient hériter des manipulations génétiques qui seront éventuellement réalisées sur les cellules germinales de leurs parents[4].

Ce pouvoir d'action n'est pas encore licite, mais qu'il soit envisageable constitue déjà une façon de repousser la frontière délibérative.

Modifier le génome humain tandis qu'il est à l'état d'embryon et tenter de déterminer son ADN relèvent aussi d'un fantasme aujourd'hui à portée de main. Le tout commence par des expériences qui semblent vertueuses, comme celle pratiquée en Chine in vitro sur des jumelles, Lulu et Nana, « afin de désactiver un gène pour leur conférer une résistance à l'infection par le VIH, virus responsable du sida[5] ». La liberté qu'on prend porte tendanciellement sur un type de sujet qu'on entend constituer, tel régime formant des militaires adaptés à certains critères spécifiques de performance, un autre des gestionnaires insensibles à la psychologie, quand il ne s'agira pas d'intervenir sur le cerveau pour produire d'éminents scientifiques. La science-fiction devient fade à l'aune de ces récits.

---

4 « Manipuler les gènes, acceptable ou non ? », Génome Québec, s. d.

5 Hervé Morin, « Des bébés génétiquement modifiés seraient nés en Chine », *Le Monde*, 26 novembre 2018.

Du reste, sur le plan de l'infiniment petit, les modifications génétiques directes et la mutagénèse, qui favorisent des mutations indirectes, transforment non seulement nos relations avec la nature, mais son essence même. Les essais de ce type se font le plus souvent en laboratoire et dans des cadres rigidement circonscrits, de telle sorte qu'il est impossible de mesurer à grande échelle et à long terme leur impact sur l'environnement, tant que les structures vivantes ainsi délibérément créées n'y sont pas jetées. Et les quelques expériences lancées à l'air libre laissent présager du pire : le maïs transgénique tue les abeilles, contamine les champs à tout va et relève de procédés généraux qui appauvrissent les sols.

Le choix des uns, la vie des autres

Alors que la portée de nos choix n'a jamais pesé aussi lourdement sur la conscience morale de l'humanité, les modalités de délibération du plus grand nombre se voient, dans les faits, considérablement entamées. Le « spectacle » que dénonçait Guy Debord ou le « fantôme » qu'apercevait Günther Anders, il y a un demi-siècle, devant l'organisation idéologique et médiatique aliénant alors les esprits, ne sont rien à côté des dispositifs adaptés dont bénéficient aujourd'hui les entreprises usant de puissants algorithmes pour juguler les raisonnements collectifs. Désormais, disposer de la pensée d'autrui apparaît comme une simple option, un nouveau marché, du fait d'accéder à l'inconscient des visiteurs de l'internet par la traçabilité. À cet égard, la collaboration historique entre Facebook, Google, Twitter, Cambridge Analytica et Donald Trump lors de la campagne électorale américaine de 2016 donne froid dans le dos[6].

Le sujet soumis à la surveillance numérique par ses usages spontanés des réseaux sociaux, et géolocalisé en permanence grâce à son téléphone, « disparaît pour être remplacé par son "profil" », observe Pierre Henrichon dans *Big Data : faut-il avoir peur de son nombre*. Les sollicitations commerciales ou politiques qu'on lui adresse sont conçues sur mesure, de telle sorte qu'on en vient à créer un nouvel être social. Cet état de contrôle, ajoute Henrichon, a pour effet de « porter un coup qui pourrait s'avérer mortel à la délibération démocratique et à l'action collective[7] ».

---

6 Daniel Kreiss et Shannon C. Mcgregor, « Technology Firms Shape Political Communication: The Work of Microsoft, Facebook, Twitter, and Google With Campaigns During the 2016 U.S. Presidential Cycle », *Political Communication*, vol. 35 nº 2, 2018, p. 155-177 ; Nathaniel Persily, « Can Democracy Survive the Internet? », *Journal of Democracy*, vol. 28, nº 2, avril 2017, p. 65 ; et Nancy Scola, « How Facebook, Google and Twitter "Embeds" Helped Trump in 2016 », *Politico*, 26 octobre 2017.

7 Pierre Henrichon, *Big Data : faut-il avoir peur de son nombre ? Cybernétique, dataveillance et néolibéralisme : des armes contre la société*, Montréal, Écosociété, 2020.

Le résultat semble fort paradoxal : dans une civilisation où l'existentialisme se déchaîne et où on fait choix de tout, notre libre arbitre se trouve pourtant neutralisé et commercialisé. Mais la contradiction n'est qu'apparente. Choisir est devenu un acte gravissime et une oligarchie a désormais le loisir d'influencer la capacité du plus grand nombre à faire des choix. Mais aussi de régir l'ordre du vivant dans lequel la majorité devra tenir, et de parier sur des avancées technologiques qui s'avèrent être de véritables bombes à retardement pour d'importantes communautés, comme le stockage des déchets nucléaires.

C'est ce qu'appréhendait précisément Hans Jonas, en en appelant désespérément à une éthique créative capable de garantir la commensurabilité et la prévisibilité des innovations techniques. Cette injonction impossible – développer des techniques à la condition seule de maîtriser la portée de leur usage autant pour ses contemporains que pour l'avenir – témoignait d'abord et avant tout d'une profonde inquiétude. Celle de l'avènement d'un monde où la liberté du choix devient le propre de multinationales et de financiers administrant des sujets, un climat, des territoires et le vivant.

Sur un plan idéologique, cela se traduit par une prétendue culture du choix qui s'appliquerait à tous. Dans l'illusion démocratique de la société libérale, où les puissants légitiment leur possession de grands ensembles fonciers, industriels et intellectuels par un droit universel à la propriété – le même qui permet au prolétaire de posséder sa gamelle et ses haillons – « choisir » devient ainsi, dans les esprits, un acquis inaliénable et partagé que rien ne doit venir contrarier. Le fameux « sois spontané » qui rend fou est précédé en creux par un « sois délibérant » qui nous obsède. La carrière, la tenue vestimentaire, les goûts culturels, les achats commerciaux... apparaissent relever du domaine des choix, bien que ceux-ci soient largement téléguidés par des techniques de manipulation. Et ce droit au choix s'ouvre ensuite sur des questions existentielles et philosophiques d'une profondeur abyssale, qu'on ne pourrait aborder qu'avec quelques réserves, au risque de passer pour « phobique » en cette ère ultralibérale.

La force des choses

Maintenant, les Occidentaux peinent à comprendre que le réel – le territoire, le vivant, le monde – n'est pas une surface plane sur laquelle s'impriment les formes délibérées des sujets libéraux ; que la personne elle-même n'est pas absolument libre de se déterminer ; qu'elle répond d'un « donné » qui, en grande partie, par définition, nous précède[8] ; que la politique comme la conduite individuelle ne sont pas simplement le fruit de délibérations sur la base du « j'aime » / « j'aime pas »,

8 Vincent Devictor, *Nature en crise. Penser la biodiversité,* Paris, Seuil, coll. « Anthropocène », 2015.

« ça me tente » / « ça me tente pas », « je le veux » / « je le veux pas ». La pensée de ce qui nous est commun, quelle que soit l'échelle sur laquelle elle se déploie et le régime public qui l'encadre, constitue un accompagnement du réel, une dialectique avec ses forces, ses impératifs et ses réalités qui ne sont pas du ressort de la décision.

En ce sens, *Du mensonge à la violence* de Hannah Arendt inscrit la « force » au titre des déterminants de l'organisation politique. Parmi ces modalités qu'elle traduit par une série de concepts – le « pouvoir » (soit les dispositions à régner conférées par une communauté qui nous soutient), la « puissance » (laquelle repose sur les attributs propres d'une personne), l'« autorité » (dépendant des prérogatives formelles d'institutions ancrées) et la « violence » (qui relève, elle, de la plus franche et immédiate coercition) –, Arendt insère et distingue ce qui survient par *la force des choses* (en français dans le texte), de lui-même, étranger à toute délibération, mais constitutif du réel. Cette notion, précise-t-elle, « devrait être réservée, dans cette terminologie, à la désignation des “forces de la nature” ou de celles des “circonstances” (*la force des choses*), c'est-à-dire à la qualification d'une énergie qui se libère au cours de mouvements physiques ou sociaux[9] ».

9 Hannah Arendt, *Du mensonge à la violence. Essai de politique contemporaine,* Paris, Calmann-Lévy, coll. « Liberté de l'esprit », 1991 [1972], p. 145.

Une pandémie mondiale est un phénomène du genre. Elle vient évidemment à l'esprit. Mais, très rapidement, il faut y ajouter le réchauffement climatique devenu irréversible et exponentiel (la fonte des glaciers diminue la réverbération des rayons solaires, ce qui augmente la température des eaux nordiques et a pour effet d'accélérer cette fonte, jusqu'à ce qu'un jour le pergélisol cède et libère les millions de tonnes de méthane qu'il contient, ce qui accentuera encore gravement la tendance…), et son lot de nouvelles conséquences terribles, notamment la réduction des surfaces forestières, elles-mêmes captatrices de carbone. Les canicules et les sécheresses qui ne font qu'empirer ont déjà des répercussions sur la santé publique, l'agriculture et donc la géopolitique, puisque des territoires entiers deviennent inhabitables et que des réfugiés climatiques affluent à hue et à dia par centaines de millions.

Force est donc de repenser la politique en fonction de la relation qu'il convient d'entretenir avec le réel. De comprendre, par exemple, que la perspective annoncée sonne le glas d'une mondialisation industrielle et financière se gorgeant de pétrole et de minerais, et se déployant sur une échelle invraisemblable afin de produire une surabondance de biens pour moins d'un cinquième de l'humanité. Il s'agit, par exemple, d'accepter que la décroissance, la régionalisation de l'économie et de la politique, et la limitation de l'activité humaine dans le cycle des saisons ne relèvent d'aucune délibération, au sens d'un parti pris idéologique qui émanerait d'un choix souverain, mais d'une prise en compte du réel. C'est aussi concevoir que des créatures de l'ère industrielle, comme le régime canadien d'inspiration coloniale, risquent l'implosion. Mais c'est surtout cesser de penser la politique strictement selon le régime du *choix*, les petites libertés individuelles venant se consoler des grandes qui, en réalité, échappent au plus grand nombre.

Énoncer ce devenir historique impératif ne tient ni d'un désir ni d'une volonté spécifique, encore moins d'un *choix*, mais d'une compréhension des contraintes d'un temps qu'il convient de regarder en face. Intégrer en ce sens la notion de « force » au vocabulaire politique, c'est quitter radicalement le régime de pensée du sujet occidental qui consiste à tout réduire à la volonté humaine.

C'est donc empêcher que résonne sur les ondes médiatiques la bêtise d'un aboyeur qui, au printemps 2020, présentait le phénomène de décélération de l'activité productive lié au premier confinement comme l'exemplification d'un fantasme de décroissance. « Trouvez-vous ça *cool*, la décroissance ? Est-ce que c'est l'*fun* la décroissance, hein ? De moins en moins de gens qui consomment, de plus en plus de gens qui perdent leur *job*, la Bourse qui s'affole, les gens qui perdent leurs économies... Est-ce que vous trouvez ça tripant, la décroissance[10] ? » Sur quoi repose le sophisme ici à l'œuvre ? Sur le présupposé que toute position politique en est une volontaire qui définit le monde qu'on veut, plutôt qu'un monde vivant et contingent avec lequel il convient de réapprendre à composer. Ces actes d'ignorance valent à certains des victoires dans les urnes, comme celle de l'actuel premier ministre ontarien Doug Ford, élu à la suite d'une campagne pendant laquelle il a promis, comme si c'était du ressort d'un dirigeant politique, un pétrole à jamais abordable et abondant. Le révisionnisme écologique devient une option gagnante en situation électorale.

S'il s'agit encore de délibérer, il nous reste fondamentalement ce choix : nier ce qui s'impose à nous au nom de la sacro-sainte liberté de choisir, ou prendre conscience des limites cruelles à l'intérieur desquelles l'histoire force la délibération à entrer. Le fantasme de la liberté, notoirement autour de la question des choix, occupe tout le spectre politique, des libertaires aux libertariens, en passant par les libéraux, les néolibéraux et les ultralibéraux. Or, nous crevons de devoir choisir sur tout, et nous crevons de penser que tout est de l'ordre du choix.

Prendre le parti de ce qui nous échoit en ce siècle largement déterminé par l'enjeu écologique, c'est reve-

10 Propos de Richard Martineau reproduits dans Olivier Niquet, *Le bêtisier 2020*, ICI Radio-Canada Première, 28 décembre 2020.

nir à une certaine humilité. C'est arrimer la pensée à l'histoire, et à des impératifs qu'on apprivoisera ainsi beaucoup mieux que si on continue à les nier jusqu'à ce qu'ils s'imposent à nous par la force.

Table

Du même auteur sur les mêmes thèmes

Intervention faite dans le cadre d'une soirée à l'Université de Montréal consacrée au thème du « Privilège blanc », collectif Ça me concerne, 19 mars 2015.

« Industrie minière : "L'État canadien se donne des airs bonhommes mais couvre une de ses filières d'activité les plus violentes et polluantes du monde" », *Le Monde,* 26 juin 2019.

« La force des faibles », *Liberté,* nº 326, hiver 2020.

« Gaïa vit son moment #MeToo », *Libération,* 21 mars 2020.

« *Une crise dont on ne revient pas,* selon Alain Deneault », *Le Devoir,* 1er juin 2020.

« Retour à l'anormal », *L'Inconvénient,* nº 82, automne 2020.

« Cabale au Canada », *Le Monde diplomatique,* nº 799, octobre 2020.

« Le commun sans "-isme" », dans Manuel Cervera-Marzal (dir.), *Ce gros mot de communisme,* Paris, Textuel, coll. « Petite encyclopédie critique », 2021.

« Fasciste », *L'Inconvénient,* nº 83, hiver 2021.

Conférence « Entre idéologie, critique et complotisme » faite par vidéoconférence auprès du comité nord-américain de La France insoumise, le 31 janvier 2021.

« Un climat hostile », *L'Inconvénient,* nº 84, printemps 2021, et *Le Devoir,* 7 septembre 2021.

Avec Clément de Gaulejac, *La croisière ne s'amuse plus,* Gatineau, Galerie UQO, série « Entretiens », nº 6, avril 2021.

Le désordre du monde, sélection de documentaires, série « Escales », Tënk, avril 2021.

« Introduire Spinoza dans les ruines de la symbolique politique », *L'Inconvénient,* nº 85, été 2021.

« La planète morte », *Kairos,* nº 50, été 2021.

« Laisser le choix », *Nouveau Projet,* nº 20, automne 2021.

Avec Louis-Philippe Lampron, « La Covid-19 accorde-t-elle tous les droits à l'État ? », *Pivot,* 17 novembre 2021.

« Anticonstitutionnellement », préface à Louis-Philippe Lampron, *Maudites chartes ! 10 ans d'assauts contre la démocratie des droits et libertés,* Montréal, Somme toute, coll. « Manifestement », 2022.

« Ostracisme envers les non-vacciné.es : ça suffit ! », *Pivot,* 12 janvier 2022.

Déjà parus dans la collection « Lettres libres »

Mateo Alaluf et Daniel Zamora (dir.), *Contre l'allocation universelle*

Omar Barghouti, *Boycott, désinvestissement, sanctions*

Alain Deneault, *Bande de colons*

Alain Deneault, *« Gouvernance »*

Alain Deneault, *La médiocratie*

Alain Deneault, *Politiques de l'extrême centre*

Fred Dubé, *L'apocalypse durable*

Fred Dubé, *Une pipée d'opium pour les enfants*

David Dufresne, Nancy Huston, Naomi Klein,
Melina Laboucan-Massimo et Rudy Wiebe, *Brut*

Francis Dupuis-Déri, *L'armée canadienne n'est pas l'Armée du salut*

Francis Dupuis-Déri, *L'éthique du vampire*

Francis Dupuis-Déri, *Nous n'irons plus aux urnes*

Bernard Émond, *Camarade, ferme ton poste*

Bernard Émond, *Il y a trop d'images*

Sébastien Fontenelle, *Les empoisonneurs*

Mark Fortier, *Mélancolies identitaires*

IRIS, *Détournement d'État*

IRIS, *Du vin et des jeux*

Jacques Keable, *Les folles vies de* La Joute *de Riopelle*

Duncan Kennedy, *L'enseignement du droit et la reproduction des hiérarchies*

Aurélie Lanctôt, *Les libéraux n'aiment pas les femmes*

Jean-Pierre Le Glaunec, *Une arme blanche*

Robert Lévesque, *Près du centre, loin du bruit*

John R. MacArthur, *L'illusion Obama*

Gilles McMillan, *La contamination des mots*

Eric Martin et Maxime Ouellet, *Université inc.*

Pierre Mertens, *À propos de l'engagement littéraire*

Hugo Meunier, *Walmart*

François Morin, *L'hydre mondiale*

François Morin, *La grande saignée*

Jean-François Nadeau, *Les radicaux libres*

Jean-François Nadeau, *Un peu de sang avant la guerre*

Gabriel Nadeau-Dubois, *Lettre d'un député inquiet à un premier ministre qui devrait l'être*

Dominique Payette, *Les brutes et la punaise*

Lise Payette, *Le mal du pays*

Jean-Marc Piotte et Pierre Vadeboncoeur, *Une amitié improbable*

Julia Posca, *Le manifeste des parvenus*

Jacques Rancière, *Moments politiques*

Gwenola Ricordeau, *Pour elles toutes*

Anne-Cécile Robert, *Dernières nouvelles du mensonge*

Anne-Cécile Robert, *La stratégie de l'émotion*

Simon Tremblay-Pepin, *Illusions*

Alain Vadeboncoeur, *Privé de soins*

Pierre Vadeboncoeur, *L'injustice en armes*

Pierre Vadeboncoeur, *La dictature internationale*

Pierre Vadeboncoeur, *La justice en tant que projectile*

Pierre Vadeboncoeur, *Les grands imbéciles*

Christian Vanasse (dir.), *Jusqu'ici tout allait bien*

CET OUVRAGE A ÉTÉ IMPRIMÉ EN AVRIL 2022 SUR LES PRESSES DES ATELIERS DE L'IMPRIMERIE CPI FIRMIN-DIDOT POUR LE COMPTE DE LUX, ÉDITEUR À L'ENSEIGNE D'UN CHIEN D'OR DE LÉGENDE DESSINÉ PAR ROBERT LAPALME

La mise en page
est de Jolin MASSON

La révision du texte est
d'Hélène FRÉDÉRICK

Lux Éditeur
C.P. 83578 BP Garnier
Montréal, Qc H2J 4E9

Diffusion et distribution
Au Canada : Flammarion
En Europe : Harmonia Mundi

Imprimé en France
N° d'impression : 167261